Un fil rouge

Psycho - logiques
Collection fondée par Philippe Brenot
et dirigée par Joël Bernat

Sans exclusives ni frontières, les logiques président au fonctionnement psychique comme à la vie relationnelle. Toutes les pratiques, toutes les écoles ont leur place dans Psycho - logiques.

Déjà parus

Marie-Laure BALAS-AUBIGNAT, *Identification au traumatisme des petits-enfants de survivants*, 2017.
Cécile CHARRIER, *Tous des monstres. Voir sa violence en face*, 2017.
Myriam NOËL-WINDERLING, *Théorie de la solitude,* 2017.
Arlette VILLA-PORTENSEIGNE, *L'expertise sous le regard de la psychanalyse. « Faux-Pas » ou la question des mères*, 2017.
Sébastien PONNOU, *Le travail social à l'épreuve de la clinique psychanalytique*, 2016.
Souad BEN HAMED-VERNOTTE, *Approche clinique de quelques mécanismes pervers narcissiques, La face cachée de la relation*, 2016.
Mourad MERDACI, *Adolescence algérienne. Liens et cliniques*, 2016.
Paul MESSERSCHMITT et Mélanie DUPONT, *Voulez-vous marcher sur la tête ? Témoins, experts et citoyens*, 2016.
Nadine GOBIN, *La relation et le couple, vecteurs de changement. Changer pour aimer, aimer pour changer*, 2016.
Patrick-Ange RAOULT, *Clinique du corps et de l'acte, Devenir psychologue, Tribulations professionnelles d'un praticien chercheur ordinaire*, 2016.
Martin EGGE, *La cure de l'enfant autistique*, 2015.
Emiléa NKAYÉ, *Une problématique de la douleur chronique*, 2015.
Jean-Claude GUILLAUMUE, *Une petite histoire de la psyché ou quelques reflets de l'âme dans le miroir de l'inconscient*, 2015.

Christian Lejosne

UN FIL ROUGE

Ce qui relie l'œuvre d'un auteur à son enfance, selon la théorie d'Alice Miller

Abécédaire

Postface :
Interview d'Alice Miller par Olivier Maurel

L'Harmattan

Du même auteur

Étonnant trilobite, TheBookEdition, 2008

Le Silence a le poids des larmes, L'Harmattan, 2012

5-7, rue de l'Ecole-Polytechnique, 75005 Paris

http://www.harmattan.fr
ISBN : 978-2-343-11688-4
EAN : 9782343116884

« On nous parle d'une pratique particulière à la marine anglaise. Tous les cordages de la marine royale, du plus gros au plus mince, sont tressés de telle sorte qu'un fil rouge va d'un bout à l'autre et qu'on ne peut le détacher sans tout défaire ; ce qui permet de reconnaître, même aux moindres fragments, qu'ils appartiennent à la couronne. »

Goethe, *Les Affinités électives*

« De quoi crois-tu que sont faits les écrivains ? Regarde-toi, regarde autour de toi ! Vous êtes le produit de la honte, de la douleur, du secret, de l'effondrement. Vous venez de territoires obscurs, innommés, ou bien vous les avez traversés. Des survivants, voilà ce que vous êtes, chacun à votre manière et autant que vous êtes. »

Delphine de Vigan, *D'après une histoire vraie*

À ma mère, avec amour et tendresse

À la mémoire d'Alice Miller

Matrice

Dans le discours qu'il fit lors de la réception de son Prix Nobel de littérature en décembre 2014, Patrick Modiano explique les raisons qui l'ont poussé à écrire, raisons qu'il dit retrouver chez bon nombre d'écrivains : « ... en lisant la biographie d'un écrivain, on découvre parfois un événement marquant de son enfance qui a été comme une matrice de son œuvre future et sans qu'il en ait eu toujours une claire conscience, cet événement marquant est revenu, sous diverses formes, hanter ses livres. » Modiano prend pour exemple un certain Alfred Hitchcock : « Quand son fils avait cinq ans, le père d'Alfred l'avait chargé d'apporter une lettre à un ami à lui, commissaire de police. L'enfant lui avait remis la lettre et le commissaire l'avait enfermé dans cette partie grillagée du commissariat qui fait office de cellule et où l'on garde pendant la nuit les délinquants les plus divers. L'enfant, terrorisé, avait attendu pendant une heure, avant que le commissaire ne le délivre et ne lui dise : "Si tu te conduis mal dans la vie, tu sais maintenant ce qui t'attend". Ce commissaire de police, qui avait vraiment de drôles de principes d'éducation, est sans doute à l'origine du climat de suspense et d'inquiétude que l'on retrouve dans tous les films d'Alfred Hitchcock. » Et Modiano conclut par ces mots : « Je ne voudrais pas vous ennuyer avec mon cas personnel mais je crois que certains épisodes de mon enfance ont servi de matrice à mes livres, plus tard. »

C'est exactement la théorie développée par Alice Miller, psychothérapeute spécialiste de l'enfance, qui explique dans la préface de *La Souffrance muette de l'enfant*[1] : « Chaque fois que je feuillette la biographie d'un écrivain ou d'un artiste, je rencontre, dès les premières pages, des informations

1 Aubier, 1990

apparemment accessoires qui me sont tout particulièrement précieuses dans mon travail. Elles portent sur un ou plusieurs événements de l'enfance dont les traces se retrouvent dans l'œuvre où, le plus souvent, elles courent même comme un fil rouge. Pourtant, les biographes n'accordent quasiment pas d'importance à ces événements. » Alice Miller passe en revue dans ce livre l'enfance et l'œuvre de Pablo Picasso, Buster Keaton, Friedrich Nietzsche, et d'autres personnages moins reluisants mais dont l'enfance explique de façon tout aussi explicite leurs délires d'adulte : Joseph Staline et Adolph Hitler. Prenons l'exemple de Picasso. Il subit à l'âge de trois ans l'expérience d'un tremblement de terre qui détruisit en partie Malaga. La famille Picasso fuit la catastrophe et se réfugie dans les montagnes alentour. Le petit Pablo traverse la ville dévastée dans les bras de son père. Les façades des maisons sont éventrées, des cadavres jonchent les trottoirs. Quelques jours plus tard, alors que la famille est toujours réfugiée, il assiste à la naissance chaotique de sa petite sœur (on pensa au début que l'enfant était mort-née). Dès son plus jeune âge, Picasso cultive le don d'observation. Sa mère l'incite à garder le silence. Elle aime raconter que son fils a su dessiner avant d'apprendre à marcher. Son père se réjouit des progrès de son enfant en dessin. C'est donc en dessinant que Picasso, enfant, obtint l'affection de ses parents. Selon Alice Miller, la période cubiste de Picasso serait le résultat de son monde intérieur, marqué par les corps déformés (souvenir inconscient du tremblement de terre de Malaga) et les visages de femmes en pleurs (souvenir inconscient de l'accouchement de sa mère à l'occasion de la naissance de sa petite sœur). Alice Miller ajoute : « Si Picasso n'avait pas eu la chance de faire le parcours (dans Malaga) dans les bras de son père, il serait peut-être devenu psychotique, ou bien il aurait dû refouler si totalement ce traumatisme qu'il serait devenu un bon fonctionnaire tatillon du système franquiste. »

Depuis que j'ai lu ce livre, je ne puis, à la lecture de textes ou de biographies d'auteurs, m'empêcher d'essayer de repérer la clé qui fut le déclencheur de leur art. Je ne suis pas dupe du fait que le romancier, tout comme le biographe, cherche, en transformant la vie en récit, à lui donner un sens dont celle-ci est (peut-être) initialement dépourvue. C'est le propre de l'homme de chercher un sens à la vie, la sienne et celle des autres... Je n'échappe donc pas à la règle en écrivant ce livre. Je sais également que certains auteurs de romans inventent des personnages à qui ils font vivre des situations proches de celles qu'ils ont vécues dans leur enfance, de façon plus ou moins explicite, de façon plus ou moins consciente. J'ai fait cette découverte en écrivant *Le silence a le poids des larmes*[2], une biographie romancée de mon grand-père maternel. Dans ce livre, j'ai utilisé les paroles de Louis Aragon pour combler les silences de mon grand-père concernant son enfance. C'est au cours de la rédaction de ce livre que j'ai découvert que le prolifique Aragon était un enfant adultérin à qui l'on avait menti sur l'origine de sa naissance, lui faisant croire que sa mère était sa sœur et son père, son parrain. Le petit Louis avait grandi, élevé par ses grands-parents qui passèrent pour être ses parents d'adoption. Il n'apprit la vérité qu'à l'âge de vingt ans alors qu'il s'apprêtait à rejoindre le front, lors de la Première Guerre mondiale. Détournant dès le plus jeune âge sa curiosité du secret lié à sa naissance, le petit Louis improvisa des histoires avant même de savoir écrire ; il les dicta. Entre six et neuf ans, il écrivit en cachette une soixantaine de petits romans. Adulte, il devint écrivain et publia un nombre incalculable de livres : romans, pièces de théâtre, articles et essais en tous genres... L'évitement de la recherche sur son origine lorsqu'il était enfant lui donna une formidable (im)pulsion pour inventer d'autres histoires. L'écriture l'aida à passer des caps difficiles : deux guerres mondiales, une vie militante chaotique. Elle lui permit d'accompagner successivement différentes réalités du monde : le mouvement surréaliste et le communisme. Elle lui offrit surtout la possibilité de construire et déconstruire le concept même de roman, au gré de ses inspirations. Cette découverte du cas Aragon apportait de l'eau au moulin de la théorie défendue par Alice Miller.

---

2 L'Harmattan, 2012

Si vous doutez encore de l'existence de ce fil rouge, en voici la preuve par vingt-six ! Vingt-six, comme les lettres de l'alphabet, pour raconter vingt-six auteurs. Autant de postures face à la vie. Autant de styles, de griffes particulières, reconnaissables entre toutes. Autant d'univers propres à chacun de ces auteurs, permettant de distinguer un écrivain d'un autre. Autant de destins originaux *pour ne pas être écrits par d'autres*, pour reprendre la belle expression de Pascal Bruckner. Autant d'énigmes humaines. Autant de fictions toujours réinventées.

Auster, Paul, écrivain américain né le 3 février 1947 à Newark, New Jersey

« Dans tous les livres de Paul Auster, des fils cherchent leur père, des pères cherchent leur fils, des fils meurent ou disparaissent, des pères se suppriment ou menacent la vie de leur fils, des fils sont rejetés, des fils sont adoptés par des pères qui ne sont pas les leurs. » C'est ainsi que Jean Frémon résume l'œuvre de Paul Auster[3]. Je n'ai pas lu l'intégralité de l'œuvre de Paul Auster. Juste les trois romans de sa *Trilogie new-yorkaise*[4] et deux de ses livres autobiographiques, mais cela suffit à valider l'affirmation de Jean Frémon.

Le Diable par la queue[5] est un texte autobiographique court qui relate la dizaine d'années de vaches maigres vécues par l'auteur avant qu'il ne passe « d'une existence à une autre ». C'est-à-dire qu'il passe de l'anonymat à la reconnaissance. Comme si Paul Auster devait renaître à lui-même pour changer d'existence... Notons que changer d'existence est ce qui arrive aux personnages de ses romans... Mais ne brûlons pas les étapes ! Pour le jeune Paul Auster, écrire est incompatible avec gagner de l'argent. D'où la permanente recherche de boulots alimentaires laissant, quand cela est possible, un peu de temps pour l'écriture. « Depuis toujours, ma seule ambition était d'écrire. Je savais cela depuis l'âge de seize ou dix-sept ans, et je ne m'étais jamais bercé de l'illusion que je pourrais en vivre. On ne devient pas écrivain à la suite d'une "décision de carrière", comme on devient médecin ou policier. On choisit moins qu'on est choisi, et dès lors qu'on reconnaît n'être bon à rien d'autre, il faut se sentir prêt à parcourir une route longue et

---

3 Préface de la *Trilogie new-yorkaise*, collection Babel, Actes Sud, 1991

4 Composée de *Cité de verre, Revenants, La chambre dérobée*

5 Actes Sud, 1996

pénible pendant le restant de ses jours. » Cette dizaine d'années de galère le tient plus d'une fois au bord de la pauvreté. A trente ans, Paul Auster, sans le sou, en instance de divorce et séparé de son jeune fils, « se sent prêt à abandonner la lutte et à vivre comme tout le monde ». Un rebondissement inattendu vient tout à coup modifier le cours des choses : « Mon père est mort juste deux mois après. Sa mort a été pour moi un choc très dur, la cause d'un immense chagrin intérieur, et j'ai employé à écrire sur lui toute l'énergie dont je disposais pour écrire. La terrible ironie était qu'il m'avait légué quelque chose. Ce n'était pas une grosse somme dans l'ordre des héritages, mais c'était plus d'argent que je n'en avais jamais possédé et cela m'a aidé à passer d'une existence à une autre. »

Dans *L'Invention de la solitude*[6], Paul Auster avait déjà abordé cet épisode : la mort de son père lui offrit un répit de deux à trois années pour enfin écrire sans relâche un premier livre, lui qui n'avait alors publié que de la poésie. Ce livre, il se devait de le consacrer à son père, cet être solitaire, dépourvu de passion, qui avait vécu sans laisser de traces : « De son vivant déjà, il était absent, et ses proches avaient appris depuis longtemps à accepter cette absence, à y voir une manifestation fondamentale de son être. Sa façon de vivre les avait préparés à sa mort – c'était comme une mort anticipée – et s'il arrivait qu'on se souvienne de lui ce serait un souvenir vague, pas davantage. » Mais comment écrire sur une personne ayant été, toute sa vie, absente à elle-même ? Tel est le paradoxe que Paul Auster doit résoudre. Il remonte le temps, revisite la généalogie familiale, analyse les documents, scrute les photos... et finit par tomber sur un secret de famille. « Mon grand-père était mort en dix-neuf, ce qui signifie que depuis sa tendre enfance mon père avait été privé du sien. Quand j'étais petit, il m'a raconté trois versions différentes de la mort de celui-ci.» Ces trois versions ne reflétaient pas la réalité. La vérité, c'est que la grand-mère assassina son mari, d'un coup de carabine, dans la cuisine familiale, sous les yeux de leurs enfants. « Un enfant ne peut pas vivre ce genre de chose sans en garder des traces une fois

---

6 Actes Sud, 1988

adulte. » Il faut croire qu'un petit-fils, non plus. Comme pour combler les trous du passé, Paul Auster se doit d'inventer, jour après jour, des histoires de filiation et de disparition, en une sorte de quête éperdue, de dette éternelle envers ses aïeux. A la fin du roman *La Chambre dérobée*, écrit à la première personne, qui clôt la *Trilogie New-yorkaise*, il fait dire au personnage principal : « L'histoire tout entière se ramène à ce qui s'est passé pour terminer, et si je n'avais pas à présent cette conclusion en moi, je n'aurais pas pu commencer ce livre. Il en va de même pour les deux volumes qui précèdent celui-ci, *Cité de verre* et *Revenants*. Ces trois récits, au bout du compte, sont la même histoire, mais chacun représente un stade différent de ma conscience, de ce à quoi elle se rapporte. Je ne prétends pas avoir trouvé la solution de quelque problème que ce soit. Je suggère seulement qu'est arrivé un moment où je n'ai plus eu peur de regarder ce qui s'était passé. » Vingt-cinq ans plus tard, dans *Chronique d'hiver*[7], parlant de lui à la deuxième personne, il conforte sa position, regardant en face sa blessure originelle : « Il ne fait aucun doute que tu es un individu imparfait et blessé, un homme qui porte en lui une blessure depuis le tout début (pourquoi, sinon, aurais-tu passé ta vie d'adulte à verser ce sang de mots sur une page ?) »

Un autre événement capital s'était produit quelque temps avant le décès de son père : la naissance de son fils. « Assister à la venue au monde de Daniel a été pour moi un instant de bonheur suprême, un événement d'une telle importance qu'au moment même où je fondais en larmes à la vue de son petit corps et le tenais dans mes bras pour la première fois, j'ai compris que le monde était changé, que je venais de passer d'un état à un autre. La paternité était la ligne de partage, le grand mur qui se dressait entre la jeunesse et l'âge adulte, et je me trouvais pour toujours de l'autre côté. » Est-ce le décès de son père ou la naissance de son fils qui fit passer Paul Auster d'une existence à une autre ? Ou les deux à la fois ? Dans un entretien, Paul Auster dit au sujet de l'écriture : « Si on accomplit ce travail honnêtement, on est contraint de se poser des questions,

---

7 Actes Sud, 2013

toujours. Il est impossible, ou si rarement, de trouver des réponses définitives aux choses. Les choses ne sont jamais finies et chaque histoire est une histoire à suivre.[8] »

---

[8] *La Solitude du labyrinthe*, Gérard de Cortanze, Actes Sud, 1997

Bruckner, Pascal, romancier et essayiste français, né le 15 décembre 1948 à Paris

Comment survivre à un père antisémite et raciste, toujours prêt à décharger sa haine de l'autre sur plus faible que lui ? Sur son fils unique, à qui il prodigue châtiments corporels, jugements négatifs ou vexations. Ou sur sa femme, qu'il bat copieusement et humilie sans cesse. « C'était comme une purge verbale, un égout de mots qu'il nous infligeait. Cela lui sortait à tout moment. Il devait exprimer son aversion quotidiennement. Mais l'égout n'évacuait jamais assez. » Telle est l'épreuve à laquelle est confronté le jeune Pascal Bruckner, déclaré mort à la naissance, en 1948 à Lyon, sur laquelle il revient dans un récit autobiographique intitulé *Un bon Fils*[9].

La première réponse qu'il croit trouver lorsqu'il est enfant et à laquelle il s'accroche, c'est la religion. Croire en Dieu et lui demander son aide fut pendant ses premières années la seule issue : « Mon Dieu, je vous laisse le choix de l'accident, faites que mon père se tue. » Dieu n'exauçant pas son vœu – le père Bruckner vécut jusqu'à l'âge de quatre-vingt-douze ans – Pascal doit se tourner vers d'autres solutions. La tuberculose en constitue une. Envoyé dans un sanatorium en Autriche, la maladie l'éloigne transitoirement de ses parents. « La blessure qui aurait pu me tuer, la tuberculose, m'a rendu goût à la vie. La maladie n'enseigne rien sinon qu'on peut la vaincre. » Mais la santé recouvrée, il lui faut retrouver la violence du père et la soumission de la mère, à laquelle celle-ci ajoute la surprotection de son fils, quand il commence à lui préférer la compagnie des demoiselles. A l'adolescence, pour fuir l'enfer familial, Pascal s'invente de nouvelles réponses. « Les livres m'ont sauvé. Du désespoir, de la bêtise, de la lâcheté, de l'ennui. Les grands

[9] Grasset – 2014

textes nous hissent au-dessus de nous-mêmes, nous élargissent aux dimensions d'une république de l'esprit. Entrer en eux, c'est comme aborder la haute mer ou décortiquer un mécanisme d'horlogerie extrêmement sophistiqué. » De la lecture à l'écriture, il n'y a qu'un pas, vite franchi : « A quatorze ans, j'eus le sentiment terrible d'être piégé ; ma vie commençait à peine, elle était déjà terminée. Je me mis à écrire pour n'être pas écrit par les miens. » Plus tard, il s'inventera des pères de substitution, sera l'élève de Jankélévitch et de Barthes, le jumeau spirituel de Finkielkraut, avant de devenir un écrivain reconnu, souvent classé parmi les intellectuels juifs auxquels, ultime bras d'honneur à son père pro-nazi, il s'identifia sans en être.

Dans la troisième partie du livre, le récit familial cède la place à une dimension plus réflexive : « S'insurger n'est rien. Le grand art est de ne pas reproduire les défauts de ceux que l'on rejette. Toute contestation est aussi retransmission involontaire. » L'âge aidant, Pascal Bruckner se surprend, dans ses colères et ses emportements, à retrouver les traits convulsifs de son père. « Terrible déconvenue : se croire libre et se découvrir conditionné. Nos actes sont écrits à l'avance, toute spontanéité est le mensonge d'un ordre familial qui s'est écrit à travers nous. Chacun se débat dans sa généalogie comme une mouche dans une toile d'araignée, tentant de surnager, de reprendre pied. » Et quand il s'interroge : « Suis-je meilleur que mes parents ? », la réponse est nuancée : « J'ai évité leurs erreurs, j'en ai commis d'autres. J'ai dédié ma vie entière aux livres, au détriment peut-être des humains. »

Capote, Truman, de son nom de naissance Truman Streckfus Persons, écrivain américain né le 30 septembre 1924 à La Nouvelle-Orléans, Louisiane, et mort le 25 août 1984 à Los Angeles, Californie

Certains pères sont des absents chroniques. Le père de Truman Capote était voyageur de commerce et Truman le vit peu durant son enfance. Il a trois ans lorsque ses parents divorcent et il se trouve ballotté d'un lieu à l'autre, tantôt avec son père, tantôt avec sa mère, chacun d'eux vivant sa vie indépendamment de leur fils unique. Pouvait-il imaginer que l'écriture de *De sang-froid*[10] allait le replonger dans les souffrances de son enfance ?

Dans *De sang-froid*, Truman Capote raconte un quadruple meurtre, perpétré dans une contrée rurale des États-Unis, meurtre qui mit en émoi une communauté villageoise dont les membres finirent par devenir « étrangement comme des étrangers » les uns envers les autres. Ce qui étonne, inquiète et captive à la fois dans ce livre, c'est que cette histoire est intégralement vraie : le quadruple meurtre de la famille Clutter a bien eu lieu à Holcomb, petit bourg du Kansas le samedi 14 novembre 1959. C'est en lisant un court article dans le *New York Times* que Truman Capote découvre l'affaire Clutter. Il obtient du *New Yorker* de partir enquêter sur les lieux du drame. Au départ, même s'il n'a pas prévu de se saisir d'une histoire criminelle, Truman Capote croit tenir un bon sujet pour tester son concept de roman-vérité. Il s'imagine réaliser un court roman, qu'il pourra écrire sur une période relativement brève – environ une année – comme il l'a fait avec ses précédents livres. Progressivement, il mesure que son sujet nécessitera un temps beaucoup plus long que ce qu'il envisageait initialement : « le livre avance mais avec une extrême lenteur.

---

[10] Folio Gallimard, 1966

C'est exactement comme tisser la plus délicate des dentelles. Je m'interdis de rentrer en Amérique avant d'avoir terminé mon livre sur le Kansas qui m'occupera encore un an ou deux[11] » écrit-il en juillet 1960, ignorant qu'il n'y mettra un point final que cinq années plus tard. « Je suis totalement dévoré par ce livre, car mon avenir d'écrivain s'y trouve engagé, et toutes ces incertitudes concernant la réussite de mon travail me tuent littéralement. N'oubliez jamais qu'il m'est impossible d'écrire la fin tant que l'affaire elle-même n'aura pas trouvé sa conclusion légale », écrit-il à son éditeur en septembre 1962. Cette conclusion légale, qui prendra la forme de l'exécution des deux prévenus, n'aura finalement lieu qu'en avril 1965. Les trois années les plus longues de la vie de Truman. « Personne ne saura jamais le vide qu'a creusé en moi *De sang-froid*. Ce livre m'a ratiboisé jusqu'à la moelle des os, m'a presque tué. En un sens, je crois qu'il m'a en effet tué. Avant de le commencer, j'étais un être stable, comparativement. Ensuite, quelque chose m'est arrivé. »

Que s'est-il donc passé qui a déstabilisé cet homme battant, sûr de son talent d'écrivain ? Au cours de son enquête, Truman s'est trouvé de fortes ressemblances avec l'un des assassins, avec qui il a progressivement sympathisé, et cette découverte l'a passablement perturbé. Pour le policier qui mena l'enquête sur les meurtres du Kansas « Truman se reconnaissait dans Perry Smith, non pas dans son côté meurtrier, bien sûr, mais dans l'enfant qu'il avait été. Ils avaient eu des enfances plus ou moins semblables tous les deux et ils avaient à peu près la même taille, la même corpulence ». L'épouse du policier poursuit : « Truman nous a dit : c'est étrange, dans la vie, on suit son chemin et puis, tout à coup, on arrive à un embranchement et il faut prendre soit à gauche, soit à droite ; et

---

[11] Les citations autres que celles de *De sang-froid* sont extraites des livres suivants : *Un plaisir trop bref* de Truman Capote, Edition 10/18 – 2007 (Lettres réunies par Gerald Clarke), *Entretiens* de Truman Capote, Rivages – 1988, en particulier l'interview de 1966 réalisée par George Plimpton, *Truman Capote* de Gerald Clarke, Gallimard – 1990, *Truman Capote* de George PLIMPTON, Arlea – 2009

il a ajouté que, dans leur cas, il avait le sentiment que lui avait pris à droite et Perry à gauche. »

Dans une lettre qu'il adresse à Perry un an avant son exécution, Truman s'y livre comme il ne l'a fait dans aucune autre lettre adressée à qui que ce soit : « Vous ignorez jusqu'aux données premières de ma vie, qui ont quelques similitudes avec les vôtres. Je suis fils unique, très petit pour mon âge. J'ai toujours été le plus petit garçon de l'école. Mon père et ma mère ont divorcé quand j'avais trois ans. Mon père (qui s'est remarié cinq fois depuis) était voyageur de commerce, et j'ai passé une grande partie de mon enfance à parcourir le Sud avec lui. Il était gentil avec moi, mais je ne l'aimais pas, et je continue à ne pas l'aimer. (Je ne le vois jamais. Il vit actuellement à La Nouvelle-Orléans). Ma mère, qui n'avait que seize ans à ma naissance, était extrêmement belle. Elle a épousé en secondes noces un homme assez riche, un Cubain, et, à l'âge de dix ans, je suis allé vivre avec eux (le plus souvent à New York). Malheureusement, ma mère, qui a fait plusieurs fausses couches (ce qui a provoqué chez elle de graves troubles mentaux), est devenue alcoolique et m'a rendu la vie impossible. Elle a fini par se suicider (barbituriques). J'avais seize ans lorsque j'ai quitté l'école et me suis pris en charge. »

La similitude des enfances de Truman Capote et de Perry Smith permet de mieux comprendre ce que Truman écrit au sujet de la famille de Perry dans *De sang-froid* : « Prenez sa famille ! Regardez ce qui s'est passé ! Sa mère, une alcoolique, est morte étouffée dans ses propres vomissures. » Un peu plus loin, il fait dire à Perry : « Je pensais toujours à papa, espérant qu'il viendrait me chercher, et je me souviens la fois où je l'ai revu, comme si ça venait juste de se passer. Dans la cour d'école. C'était comme lorsque la balle frappe la batte vraiment fort. Seulement, papa ne voulait pas m'aider. Il m'a dit d'être sage, il m'a serré dans ses bras et il est parti. Peu après, ma mère m'a placé dans un orphelinat catholique. » Leurs enfances se ressemblaient, tous deux furent ballottés d'un lieu à un autre avec le sentiment d'être une charge pour leurs parents qui se désintéressaient totalement d'eux. Dans une interview accordée à *Playboy* en 1968, Truman parlant de Perry dit : « une des choses qu'il me répétait inlassablement, c'était la tragédie que représentait le fait de n'avoir jamais eu personne dans sa vie, ni son père, ni le personnel des diverses maisons de redressement ou de correction, pour l'encourager aux activités créatrices qu'il désirait pratiquer. A l'évidence, s'il était un jour arrivé qu'un autre être humain lui eût témoigné quelque affection ou même quelque intérêt durable, Smith aurait pu manifester quelque chose de lui-même et ainsi modérer son amertume d'être si totalement dépourvu, solitaire, jaloux et exclu du monde. Si la chose s'était produite, je crois que la tendance à précipiter ses accès de violence psychologique aurait pu être réprimée. » Et Perry Smith ne se serait alors pas retrouvé à tuer Herb Clutter, le brave père de famille, d'un coup de lame au travers de la gorge, alors qu'il pensait : « Il me plaisait ce type ; il me plaisait vraiment. Il m'a plu jusqu'au moment même où je lui ai tranché la gorge. » Selon le directeur des institutions pénitentiaires du Kansas, qui avait suivi de près le procès, « Perry a vu chez Herb tout ce qu'il aurait voulu trouver chez son père et n'avait jamais eu – un foyer, la stabilité, une famille. Je crois qu'il l'aimait et le haïssait tout à la fois. Pour moi, Perry, en fait, a tué son père ».

En écrivant *De sang-froid*, Truman s'offre une formidable occasion de se venger du sien, en le tuant symboliquement avec le poignard de Perry. « C'est comme s'il y avait deux personnes différentes en moi. L'une est d'une vive intelligence, imaginative avec un esprit mûr, et l'autre est un gamin de quatorze ans. Parfois, c'est l'un qui fait la loi, parfois c'est l'autre », dira Truman peu après avoir écrit ce livre. Le gamin de quatorze ans ressemblait sans doute à Perry Smith. Au fil des vingt dernières années qui lui restaient à vivre, Truman prendra de plus en plus fréquemment le même embranchement vers la gauche, celui qu'avait emprunté Perry Smith…

Après le succès de *De sang-froid*, toutes les portes s'ouvrent enfin devant Truman Capote. Malgré cela, son besoin d'admiration demeure insatiable. Lui reste à écrire LE roman, celui dont il parle depuis des années et qui fera de lui l'homologue de Proust avec *A la recherche du temps perdu*. Le roman de Truman s'intitulera *Prières exaucées*[12]. Un livre dans lequel il veut mettre en scène ses plus riches et plus proches amis, décrivant par le menu les bassesses et combines qu'il leur a arrachées par confidence, selon une méthode totalement rodée. En publiant dans un magazine des extraits de ce roman, il ne parvint qu'à se mettre à dos ses riches amis. Cet isolement précipitera sa chute. Comment en est-il arrivé là ?

Truman a commencé par écrire des romans dont les personnages sont des enfants. Les critiques littéraires considèrent qu'il a un don pour écrire en se plaçant du point de vue de l'enfant. Ce qu'ils ont moins perçu c'est que ces enfants sont malheureux ou maltraités : *Miriam* est une adolescente esseulée ; l'enfant des *Domaines hantés*[13] cherche désespéré-ment son père ; l'adolescent de *La Harpe d'herbes*[14] est un orphelin hébergé chez une vieille femme acariâtre ; l'enfant de *L'Invité du jour*[15] est le souffre-douleur d'un adolescent… Il reconnaît avoir mis quinze années avant d'assimiler ce que signifie un chapitre des *Domaines hantés* : « J'ai compris que cette scène représentait la quête de mon propre père, que j'ai rarement vu, et le fait que le vieillard soit infirme et muet représente ma façon de transférer ma propre incapacité de communiquer avec mon père. » Chez Truman, le trait marquant est le sentiment d'abandon qu'il ressent avant même que sa mère ne le place en famille d'accueil. « La tragédie centrale de son existence (il voyait les choses comme ça) était une scène véritable : Truman a deux ans. Il se réveille dans une pièce vide qu'il ne connaît absolument pas. Il hurle mais il est enfermé à clé. Il est terrorisé, il ne sait pas où il se trouve – en réalité, c'est un hôtel à puces dans le Sud profond – et ses parents sont sortis picoler et danser, après avoir enfermé leur tout petit garçon dans leur chambre. Pour lui, cette image, c'est la terreur à l'état pur, et je crois que c'était sa manière de symboliser l'insécurité de sa jeunesse – l'image de cette espèce d'abandon »,

---

12 Grasset, 1988

13 Gallimard, 1949

14 Gallimard, 1952

15 Gallimard, 1971

explique John Knowles, un ami écrivain à qui Truman a fait cette confidence. Et Truman de compléter : « Je m'en souviens dans les moindres détails. En cet instant même, je revois ces chambres de Saint-Louis et de La Nouvelle-Orléans. C'est alors que sont nées ma claustrophobie et ma terreur de l'abandon. Elle [la mère de Truman] m'enfermait à clef et je ne pouvais pas sortir. Elle était la cause de toutes mes angoisses. Si ça ne vous est jamais arrivé, vous ne savez pas à quoi ça ressemble. C'est à l'angoisse ordinaire ce que la migraine est au mal de tête banal. Je dois vivre avec ça en permanence. » Pour survivre au manque de sécurité et au sentiment d'abandon, le jeune Truman développe des capacités qui l'aident à comprendre le monde. Cela devient sa seconde nature. Et son futur métier. « J'ai commencé à écrire vers l'âge de huit ans. L'écriture a toujours été une obsession chez moi, c'était tout simplement quelque chose que je me sentais obligé de faire, et je ne comprends pas exactement pourquoi il fallait que ce fût vrai. C'était un peu comme si j'avais été une huître et que quelqu'un avait introduit de force un grain de sable dans ma coquille – un grain de sable dont j'ignorais la présence et que je n'ai pas particulièrement bien accueilli quand je l'ai enfin découvert. Et puis une perle a commencé à se former autour de ce grain, et ça m'irritait, ça me mettait en colère, ça me torturait parfois. Mais l'huître ne peut pas s'empêcher de nourrir une véritable obsession pour sa perle. » Technique de survie dans l'enfance que Truman a transformé en technique d'écriture, qu'il finit par manier à la perfection, dans l'écriture comme dans la vie. De ce point de vue, il n'y eut jamais qu'un seul Truman Capote : enfant abandonné, romancier de l'enfance, écrivain du réel et adulte se faisant adopter par la jet-set. Un Truman utilisant chaque fois les mêmes techniques : se placer dans la peau de l'autre, avoir une mémoire considérable afin de retranscrire ultérieurement tout ce qui s'est déroulé. Et surtout que le *je* n'apparaisse pas. Étonnante similitude entre ce dernier point de technique littéraire et l'absence totale de reconnaissance de la part de ses parents. L'écrivain Truman doit être absent de ses textes tout comme ses parents l'étaient vis-à-vis de leur fils. Sa créativité lui a sauvé la vie, mais elle perpétue le fait qu'il ne se donne pas le droit d'exister. Sa mise en quarantaine par ses riches amis contribue à détraquer davantage une psychologie déjà défaillante : de l'absence de *je* de son enfance, il est passé à un excès inverse : le besoin obsessionnel d'être mis sur le devant de la scène. Bien que parvenant à faire le lien avec l'origine de sa détresse, il n'arrive pas à sortir de l'ornière dans laquelle il est tombé : « A cause de mon enfance, parce que j'ai toujours eu le sentiment d'être abandonné, certaines choses ont sur moi un effet fantastique, sans commune mesure avec ce que pourrait éprouver n'importe qui d'autre. Certaines personnes ne comprennent rien à ce que j'ai voulu faire avec *Prières exaucées* et pourquoi je l'ai fait, et elles se montrent cruelles, mais elles ne savent pas qu'elles sont cruelles parce qu'elles ignorent que j'ai passé trois ou quatre ans de mon enfance bouclé dans des chambres d'hôtel. »

Les dernières années de sa vie sont une terrible déchéance. Dépendant de l'alcool, des drogues et des médicaments, il vit perpétuellement des relations amoureuses possessives, violentes et destructrices. Peu avant son soixantième anniversaire, il meurt, comme sa mère, d'une surdose de médicaments. Il passe ses deux derniers jours au fond d'un lit, chez une amie, bouclé dans une pièce isolée. « Un vilain petit trou où elle l'avait caché, derrière la cuisine, l'endroit où l'on relègue la bonne », dira de cet endroit l'ex-ami de Truman. Sa fin ressembla tristement à son commencement.

Duroy, Lionel (de Suduiraut), journaliste et écrivain français, né à Bizerte, Tunisie, le 1er octobre 1949

Lionel Duroy a soixante-et-un ans quand paraît *Le Chagrin*[16], le récit autobiographique qui relate sur 730 pages sa douloureuse histoire familiale. Il avait publié, vingt ans plus tôt, un premier roman intitulé *Priez pour nous*[17] qui filait déjà la même trame familiale. Ce premier livre, ses frères et sœurs lui avaient demandé, avec beaucoup d'insistance, de ne pas le publier, faute de quoi il serait exclu de la famille, lui et ses enfants... Une fois le livre publié, il ne revit pas sa famille.

Entre ces deux livres, Lionel Duroy aura été journaliste à *Libération* et à l'*Événement du jeudi*, il aura publié une dizaine de romans (dont certains tournant en boucle autour de son histoire familiale), ainsi qu'autant de biographies de personnes célèbres rédigées à quatre mains (Ingrid Bétancourt, Sylvie Vartan, le curé d'Outreau, Nana Mouskouri, Jean-Marie Bigard...). Pourquoi revient-il à nouveau dans *Le Chagrin* sur les traces d'un passé familial douloureux qui semble le hanter et dans lequel il trouve la matière à forger une œuvre d'une manière qu'il qualifie lui-même de « répétitive » ?

Le Chagrin raconte la vie d'une famille nombreuse, entre un père pétainiste, antisémite, représentant de commerce bonimenteur et sans le sou, jamais à court d'arguments pour glisser sur les fins de mois difficiles, et une mère aristocrate, catholique, souffrant d'être déclassée. Entouré d'une dizaine d'enfants, ce couple fantasque tente de survivre entre deux expulsions de logements et la progressive mais inéluctable dégradation du climat économique et social familial, qui les voit

---

16 Editions Julliard – 2010, J'ai lu – 2011

17 Editions Bernard Barrault – 1990

passer des beaux quartiers de Neuilly à une sordide banlieue HLM. Un déclassement que la mère ne parvient pas à supporter, sombrant progressivement dans une forme de démence où sa famille lui tient lieu d'exutoire. Exemple : « Ce doit être un jeudi, nous n'avons pas école. Nous sommes tous assis autour de la table, et maman surgit de la cuisine avec la friteuse pleine d'huile bouillante au bout de ses bras tendus. Et soudain, elle tombe, là. Je suppose que c'est toujours insupportable de voir tomber sa mère, mais la nôtre accompagne sa chute d'un hurlement qui continue à me hanter, tant d'années après. Je ne sais pas ce que font mes frères et sœurs, mais moi je me mets à pleurer de terreur et de chagrin, ou de chagrin et de terreur, je ne saurais pas dire dans quel ordre tant les deux sentiments se confondent aujourd'hui dans ma mémoire. Je ne veux plus voir notre mère agitant les pattes comme une écrevisse au court-bouillon, ou un scarabée qu'on essaierait de tuer. Je ne veux plus, mon Dieu. A ce moment-là, j'ai la certitude que notre mère est devenue folle, qu'elle ne reviendra pas à la raison, et c'est la première fois que je mesure combien je l'aime, moi qui pensais ne pas l'aimer. » Ce sont ses frères aînés qui viendront, quelques minutes plus tard, consoler le jeune Lionel, alors âgé de dix ans, lui faisant comprendre que leur mère leur a joué la comédie, qu'elle est seulement tombée, que tout le reste, la crise de nerfs et l'accident, ne sont que pure affabulation ! « Je pense qu'il me faut plusieurs jours, peut-être même plusieurs semaines, pour glisser du chagrin à la colère... » Colère qui ne quittera plus Lionel Duroy...

« Écrire sur sa famille est sans aucun doute le moyen le plus sûr de se fâcher avec elle », constate Delphine de Vigan après avoir lu *Le Chagrin*. « Aujourd'hui, je sais que si j'avais renoncé à publier, comme me le demandaient mes frères et sœurs, je serais mort. Mort étouffé par le désespoir ou la colère. J'ai su très tôt, à 17 ou 18 ans, que j'écrirais. Sur ma colère quand j'étais enfant – je devais en faire quelque chose.[18]»

---

[18] *Vertiges*, Julliard, 2013

Dans un précédent livre ayant pour titre *Écrire*[19], Lionel Duroy remontait le fil de sa propre écriture jusqu'à sa source originelle. Il se souvient alors que ses premiers écrits datent de l'adolescence : c'étaient des lettres d'insultes et de menaces proférées contre des huissiers ou des organismes qui en voulaient à son père. Il rêvait qu'un jour ses lettres soient publiées dans un recueil. « En somme, *écrire* était indissolublement lié dans mon esprit à *publier*, et je le formule ici pour la première fois, car les deux se confondaient si parfaitement pour moi jusqu'ici que je n'avais pas pris conscience qu'on pouvait écrire sans vouloir être lu. »

A lire Lionel Duroy, on découvre combien ses livres génèrent de catastrophes dans sa vie. Chaque publication le fait se fâcher avec des proches, de plus en plus nombreux (parents, frères et sœurs, enfants, compagnes, amis…). On mesure à quel point Lionel Duroy chute inexorablement, livre après livre, s'enfermant chaque fois un peu plus dans la solitude. Comme si chaque livre publié devait irrémédiablement ressembler aux lettres d'insultes qu'il rédigeait, enfant, pour défendre son père.

---

[19] Julliard, 2005

Ernaux, Annie, professeur de lettres, écrivaine française, née Annie Duchesne le 1er septembre 1940 à Lillebonne, Seine-Maritime

Lire l'ensemble des livres d'Annie Ernaux, des *Armoires vides*[20] écrit en 1974 à *Les Années,* publié en 2008, à la lumière d'un seul : *L'Autre Fille*[21]. Ses écrits étant autobiographiques, on parcourt en quelques semaines l'équivalent d'une vie. Sa vie. Pour essayer de comprendre comment elle s'est arrangée, tout au long de son œuvre, pour contourner l'événement majeur qui occupe les 78 pages de *L'Autre Fille* et qu'elle avait jusqu'alors occulté. Pour tenter de trouver ce qui y était écrit entre les lignes. Rapide tour d'horizon d'une œuvre littéraire…

Les Armoires vides retrace l'enfance d'Annie Ernaux, sa relation avec ses parents, envisagée avec le recul d'une femme qui écrit un premier livre à l'âge de 33 ans (elle écrit ce livre dans le plus grand secret, alors qu'elle rédige une thèse sur Marivaux pour passer l'agrégation). On y relève (ou pas), au détour d'une phrase, comme un relent de secret : « je rêve parfois de devenir orpheline » ou encore « ce sont mes parents qui n'ont pas eu de chance de m'avoir. C'est fini, ils ne peuvent plus me troquer contre une autre. Si je mourais, ils seraient débarrassés peut-être. »

Dans *La Femme gelée* (1981), elle revient au début du livre sur la place des enfants dans sa famille élargie : « Les familles nombreuses autour de moi, c'était des cohortes d'enfants mal mouchés, des femmes encombrées de landaus et de sacs bourrés de nourriture qui les déhanchaient lourdement, de plaintes continuelles à la fin du mois. La grand-mère s'était laissé avoir

---

20 Tous les livres d'Annie Ernaux cités sont publiés chez Gallimard, hormis *L'Autre Fille*

21 NiL – Août 2011

mais il ne fallait pas lui jeter la pierre, autrefois c'était normal, six, dix enfants, maintenant on avait évolué. Et mes oncles et tantes en avaient tellement soupé de la famille nombreuse que je suis entourée de cousins uniques. Moi aussi je le suis, unique, et ravisée en plus, nom qu'on donne à une espèce particulière d'enfants nés d'un vieux désir, d'un changement d'avis des parents qui n'en voulaient pas ou plus. Première et dernière, c'est sûr. J'étais persuadée d'avoir beaucoup de chance. »

La Place (1983) revient sur la relation entre Annie et son père. Elle y évoque une sœur pour la première fois, brièvement, sur une page : « Une petite fille est née (...) La petite fille est rentrée de classe un jour avec mal à la gorge. La fièvre ne baissait pas, c'était la diphtérie. Comme les autres enfants de la vallée, elle n'était pas vaccinée. Mon père était aux raffineries quand elle est morte. (...) Ma mère racontait en s'essuyant les yeux avec un chiffon sorti de sa blouse, "elle est morte à sept ans, comme une petite sainte."

On en apprend à peine plus dans *Une Femme* (paru en 1987) qui retrace la vie de sa mère. Sur une page également : « Sans doute, pas un moment à soi entre l'épicerie, le café, la cuisine, où s'est mise à grandir une petite fille, née peu après l'installation dans la vallée.(...) En 1938, elle est morte de la diphtérie trois jours avant Pâques. Ils ne voulaient qu'un seul enfant pour qu'il soit plus heureux. La douleur qui se recouvre, simplement le silence de la neurasthénie, les prières et la croyance d'une "petite sainte au ciel". La vie à nouveau, au début de 1940, elle attendait un autre enfant. Je naîtrai en septembre. »

Annie revient à trois occasions sur sa sœur en écrivant en 1997 *Je ne suis pas sortie de ma nuit* qui parle de la maladie d'Alzheimer de sa mère. Par une anecdote d'abord : « Le docteur est venu. Elle n'a pas su dire son âge. Elle s'est très bien souvenue qu'elle avait eu deux enfants. "Deux filles, a-t-elle précisé." Vingt pages plus loin : « L'infirmière m'a dit qu'elle parlait toujours de moi, seulement de moi. Culpabilité. Je remarque aussi qu'elle se prend pour moi. Je suis née parce que ma sœur est morte, je l'ai remplacée. Je n'ai donc pas de moi. » Et plus loin encore : « Effrayant de constater combien ma mère a toujours été figure de la mort pour moi. (…) le récit qu'elle fait de la mort de ma sœur me terrifie : j'ai l'impression que c'est en mourant à mon tour qu'elle m'aimera, puisqu'elle dit, ce jour-là, en parlant de moi, "elle est bien plus gentille que l'autre" (ma sœur). »

Se perdre, publié en 2001, est la retranscription du journal intime écrit sur la période 1988-1990 alors qu'Annie Ernaux vit une passion amoureuse pour un diplomate russe résidant à Paris. Ce récit donnera lieu à la publication en 1991 de *Passion simple.* A la date du 15 décembre 1988, alors que son amant n'a pas donné signe de vie depuis plusieurs jours, Annie Ernaux écrit : « Silence, toujours. Je me sens si mal que je cherche à me souvenir de moments semblables, et c'est 58, 63, qui reviennent, inexorablement. Savoir qu'il suffirait d'un appel (ô ce mot si juste) pour que j'aie le goût de vivre. Si on lit ce journal un jour, on verra que c'était exact "l'aliénation dans l'œuvre d'Annie Ernaux", et pas seulement dans l'œuvre, plus encore dans la vie. » L'aliénation, le silence, les non-dits dans la vie d'Annie Ernaux, et pas uniquement vis-à-vis des hommes… serait-on tenté d'ajouter en écho à *L'Autre Fille.*

Il faut attendre *Les Années* publié en 2008, pour enfin connaître le prénom de cette morte, dont les liens avec l'auteure demeurent encore énigmatiques : « La photo floue et abîmée d'une petite fille debout devant une barrière, sur un pont. Elle a des cheveux courts, des cuisses menues et des genoux proéminents. A cause du soleil, elle a mis sa main au-dessus des yeux. Elle rit. Au dos, il y a écrit *Ginette 1937.* Sur sa tombe : *décédée à l'âge de six ans le jeudi saint 1938.* C'est la sœur aînée de la fillette sur la plage de Sotteville-sur-Mer. »

Le lecteur devra attendre le printemps 2011, soit trente-huit ans après le premier livre d'Annie Ernaux, pour que *L'Autre Fille* soit enfin incarnée. Quelques mois plus tard, paraîtra dans la collection Quarto chez Gallimard, *Écrire la vie*, un volume de onze cents pages où sont rassemblés la plupart de ses livres. En introduction, un cahier de photos de 100 pages dans lequel Ginette apparaît à deux occasions. *L'Autre Fille* raconte « la scène du récit [qui] se passe pendant les vacances 1950. » Annie a dix ans quand elle surprend une conversation entre sa mère et une cliente – ses parents tiennent un café-épicerie. Sa mère raconte « qu'ils ont eu une autre fille que moi et qu'elle est morte de la diphtérie à six ans ». Une sœur « morte comme une petite sainte » et qui était « plus gentille que celle-là. Celle-là, c'est moi », précise-t-elle. Jamais les parents ne parleront à Annie de cette première enfant, même quand elle sera adulte, devenue elle-même mère de famille. « Je ne les ai jamais entendus prononcer ton prénom. Je l'ai appris de ma cousine C. Encore maintenant, j'éprouve un malaise, une vague répugnance à l'entendre. Je le dis rarement. Comme s'il m'était interdit. » Annie Ernaux tente, dans l'improbable lettre qu'est *L'Autre Fille*, une approche en direction de sa sœur : « Tu es l'enfant du ciel, la petite fille invisible dont on ne parlait jamais, l'absente de toutes les conversations, le secret.» Le livre tente de dire l'inénarrable parce que jamais nommé, la difficulté à vivre avec un secret qui lie et sépare à la fois cette enfant *unique* d'avec ses parents. « Je ne peux pas te mettre là où j'ai été. Remplacer mon existence par la tienne. Il y a la mort et il y a la vie. Toi ou moi. Pour être, il a fallu que je te nie. » Il aura fallu à Annie Ernaux un long détour, le parcours de toute une œuvre, pour mettre au jour le traumatisme auquel elle doit probablement la raison d'être de son écriture. Une œuvre que l'on avait, à tort, réduite à « une démarche objectivante empruntée à la sociologie[22] ». Une œuvre qu'Annie Ernaux résume en une phrase extraite de son journal intime, paru dans *Se perdre* : « La grande ligne du sens secret de ma vie. La même perte, pas encore tout à fait élucidée, que seule l'écriture peut élucider vraiment. »

[22] Wikipedia

Éric Fottorino, né Éric Chabrerie, journaliste et écrivain français,le 26 août 1960 à Nice, Alpes-Maritime

Les deux font le père ! C'est ce que l'on est tenté de penser à la lecture de deux livres d'Eric Fottorino, publiés en 2009 et 2010, l'un consacré à Michel Fottorino, son père adoptif, l'autre à Maurice Maman (prononcez *Mamane*, comme on dit chaman), son père de sang. Sa mère était âgée de dix-sept ans lorsqu'elle se trouva enceinte de Maurice, étudiant en gynécologie, juif et marocain. Sa famille, ultra-catholique, s'opposa au mariage d'une fille jugée trop jeune avec un homme jugé indigne. Eric vécut seul avec sa mère et sa grand-mère « des femmes avec leurs douleurs et leurs tristesses, l'une trop jeune et l'autre trop vieille, deux solitudes avec mon enfance au milieu ». Dans *L'Homme qui m'aimait tout bas*[23], il revient sur la vie de Michel, qui se maria avec sa jeune mère et qui adopta Eric, à l'âge de neuf ans, offrant au jeune enfant un nom qu'il « porte comme un talisman ». « Il est d'autant mieux devenu mon père que, de toutes mes forces et de toutes mes peurs, j'ai voulu devenir son fils.» L'enfant s'identifie à ce père, cycliste par passion et kinésithérapeute aux mains d'or. Comme lui, Eric participe aux courses cyclistes et, lorsqu'il se rend compte qu'il n'a pas l'étoffe des vainqueurs du Tour de France, pense un temps devenir kiné, avant de bifurquer vers des études de Droit. Son père lui achète chaque jour *Le Monde*, élargissant son univers jusqu'alors limité à la lecture de *Miroir du cyclisme*. Fierté du père lorsque le fils, devenu journaliste, signe dans *Le Monde* son premier article. Fierté renouvelée du père lorsque le fils publie son premier roman : « Le jour où je lui avais remis un exemplaire de *Rochelle*, il était resté un long moment à contempler la couverture, sa couverture, et ce nom, son nom que je lui rendais en plus grand, impeccablement imprimé. Nom

[23] Gallimard, 2009

et renom. Naissance et reconnaissance. » Fierté encore à la parution de chaque nouveau roman du fils, qui sans fin, invente histoires d'adoption ou de filiation. Quand, divorcé, retraité, ruiné et se sentant diminué après un accident vasculaire cérébral, le père se suicide d'un coup de carabine, c'est tout naturellement que le fils lui dédie un livre-hommage, pudique et généreux. Eric Fottorino choisit l'écriture, « ce continent d'incontinence, pour retenir ce qui peut l'être avant que le temps n'engloutisse tout ce qu'il fut dans les brumes de la mémoire ». Écrire pour ne pas oublier, pour garder la trace de cet être qui préférait le silence et parlait plus volontiers avec les mains.

L'histoire aurait pu en rester là, si le prolifique Eric Fottorino n'avait remis une fois de plus le couvert, éclairant une autre facette de son roman familial, celle du père biologique qu'il avait vu pour la première fois à l'âge de dix-sept ans, et pour lequel il garda une distance qu'on pourrait qualifier de *sécurité*. *Questions à mon père*[24] vient combler ce vide. Briser le tabou. Lever le secret. En allant à la rencontre de l'autre père, avant qu'il ne soit trop tard – ce dernier est atteint d'une grave maladie – Eric Fottorino relie les fils de son histoire personnelle, prenant conscience, à bientôt cinquante ans, du manque existentiel qu'il lui reste à combler. « La vie sépare. En réalité je vivais surtout séparé de moi. Coupé en deux ou en trois. J'avais porté enfant le nom de ma mère. Puis un nom de Méditerranée. Le tien planait au-dessus de ma tête. Papillon volatil. Jamais apposé sur aucun registre de l'état civil. » C'est par l'intermédiaire d'échanges téléphoniques ou par courriels qu'Eric et son père retrouvé font connaissance et se livrent. Se délivrent aussi. Par l'écriture, il espère prolonger la vie de son père : « J'ai pensé que chacune de mes questions le maintiendrait en vie. J'ai voulu croire à la force des histoires. A la puissance des mots contre la mort. » Et c'est au détour d'une page de ce livre que l'on comprend l'origine de l'écriture chez Eric Fottorino : « Tout ça, c'est la faute à Albert Cohen. Tout a commencé avec Albert Cohen. Avec les livres perchés d'orgueil sur la plus haute étagère de ton salon marocain. J'avais dix-sept ans et il était ton

---

[24] Gallimard, 2010

dieu qui régnait par-dessus les tapis et les cuivres, le feu et les coussins brodés. L'espoir est né. Silencieux, tenace, imprévu. Une démangeaison au creux de la main. Secret espoir qu'en noircissant à mon tour des pages et des pages qui viendraient se serrer, bien cousues, sous la couverture chaude et couleur sable de l'éditeur d'Albert Cohen, toi qui ne m'avais pas reconnu, tu serais forcé de me connaître. Que mes écrits pourraient se hisser jusqu'à l'étagère supérieure de ta bibliothèque. » Avant de conclure, triomphal : « Aujourd'hui, dans ton salon, plus un seul roman d'Albert Cohen. Les miens les ont chassés. »

Il faut croire au pouvoir des mots. Maurice est vivant quand le livre s'achève, et Eric continue sans fin à lui poser de nouvelles questions auxquelles son père répond avec une patience de gynécologue, faisant ainsi naître un grand enfant de cinquante ans.

Goldman, Pierre, né le 22 juin 1944 à Lyon, intellectuel engagé d'extrême gauche ayant glissé dans le banditisme, mort le 20 septembre 1979 à Paris

Son visage est dessiné sur la couverture du livre qu'Antoine Casubolo lui consacre : *La vie rêvée de Pierre Goldman*[25]. Pierre Goldman, ex-gauchiste, guérillero, gangster, écrivain, musicien, taulard, accusé du double meurtre de deux pharmaciennes, condamné à la réclusion criminelle à perpétuité puis acquitté lors d'un second procès, sauvagement assassiné en 1979 par un mystérieux commando baptisé « Honneur de la police », jamais identifié. Dans le contexte de l'après-mai 68, il devenait une icône pour toute une génération de gauchistes, lui qui avait été soutenu par les plus célèbres d'entre eux : Krivine, Kouchner, Debray, Geismar, July. Avec le recul, Antoine Casubolo fait une analyse qui n'est plus uniquement politique. Il cherche à comprendre la psychologie du personnage. Selon lui, Pierre Goldman s'est totalement identifié à son père : « Tout au long des *Souvenirs obscurs*, à chaque page, entre les lignes, la douloureuse quête d'approbation, le désir maladroit d'accorder chacun de ses gestes, même et surtout les plus minables, avec les enseignements du combattant, témoignent du drame de Pierre Goldman. »

Relire, plus de trente ans après sa sortie, *Souvenirs obscurs d'un juif polonais né en France*[26] permet de découvrir Pierre Goldman sous un nouveau jour. D'y voir le petit garçon qu'il fut, écartelé entre père et mère et se fabriquant une vie héroïque pour survivre à cette forme de maltraitance parentale. Celle d'un père ne désirant pas son enfant à sa conception. Celle d'une mère préférant donner son temps au parti communiste

[25] Editions Privé, Octobre 2005
[26] Seuil, 1975

polonais plutôt qu'à son fils de trois ans – il ne la reverra pas avant l'âge de douze ans. Celle d'un père venu kidnapper son fils pour l'empêcher de partir avec sa mère en Pologne, mais qui le confie à sa sœur plutôt que de le garder auprès de lui. Celle enfin d'un père qui émancipe son fils à l'âge de dix-sept ans comme pour s'en débarrasser enfin. La révolte de Pierre Goldman prend alors une autre signification : celle d'un jeune adulte qui s'était construit dans la mystification de sa propre histoire, s'identifiant totalement à ses parents jusqu'à se tromper d'époque.

Celui que l'on prenait pour un héros, pour qui Serge July disait dans l'éditorial de *Libération* le lendemain de sa mort : « A sa manière brutale, entière, d'une seule pièce, Pierre Goldman était le plus pur d'entre nous. Celui qui avait été jusqu'au bout de ses fantômes. Jusqu'au bout de ses fantasmes. » Celui-ci était avant tout un enfant malheureux. Selon Alice Miller, lorsqu'un adulte nie obstinément le mal qu'on lui a fait subir quand il était enfant et qu'il continue à idéaliser les fautes commises par ses parents, il finit par glorifier le traitement qu'il a subi, la violence en tant que telle : « L'adulte dispose hélas de tout un arsenal de moyens pour nier les sévices subis dans son enfance et les répéter sur d'autres. Par exemple, leur donner un maquillage idéologique, si subtil qu'il pourra même les faire passer pour légitimes[27]. »Si l'on suit cette hypothèse, Pierre Goldman se serait donc dupé en idéalisant ses parents et leur vie de combattants pour masquer ce qu'ils lui avaient fait endurer (séparations, enlèvement, éloignements). Il aurait lui-même reproduit sur d'autres les sévices qu'il avait subis (fascination pour les armes, agressions).

« Qu'est-ce au fond que la haine ? poursuit Alice Miller. A mes yeux, elle est la possible conséquence de la fureur et du désespoir de l'enfant méprisé dès avant l'acquisition du langage. Tant que sa colère envers son père ou sa mère restera inconsciente et niée, elle ne s'apaisera pas. Elle peut seulement

---

[27] *Chemins de vie* – Flammarion 1998.

se déplacer sur des boucs émissaires, qu'il s'agisse de ses propres enfants ou de prétendus ennemis. La rage transformée en haine qui peut se donner libre cours sous le masque de l'idéologie est particulièrement dangereuse, car elle est indestructible, réfractaire à tous les préceptes moraux et peut rester très forte la vie durant. »

Hrabal, Bohumil, écrivain tchèque, né le 28 mars 1914 à Brno, mort à Prague le 3 février 1997

Les noces dans la Maison[28] est une autobiographie décalée, un regard décentré que Hrabal porte sur lui-même en ayant recours à un stratagème qui consiste à faire parler sa femme… Une tentative de regard qui parvient à décrire de l'extérieur ses états d'âme, ses réflexions, l'envers de son décor, les coulisses de sa mémoire… L'écriture est une expression personnelle, elle ne part pas du sujet, elle y mène. L'écriture de Hrabal mène tout droit à Hrabal … « L'écrivain doit être en premier lieu, lecteur de lui-même. L'écrivain doit se distraire en écrivant. Par ses textes il doit découvrir des choses qu'il ignore[29] », dit-il. On découvre, dans *Les noces dans la Maison*, un Hrabal complètement décalé que tout le monde nomme le professeur ! Dans sa vie, il a fait bien des métiers sauf celui-là. Sur le tard, il est même devenu écrivain. A 49 ans ! Et le lecteur attendra la page 462 pour que son premier livre soit enfin publié. C'est pourtant un drôle d'oiseau d'écrivain... un écrivain qui écrit à sa façon … c'est à dire pas dans les règles de l'art… Ça ne lui ressemblerait pas d'écrire dans les règles de l'art. Ce qu'il écrit doit correspondre à sa façon à lui d'écrire et sa façon à lui ne ressemble à aucune autre… A le regarder écrire on imagine ce que peut être son style : il écrit monté sur le toit de son immeuble. Un toit pentu comme le sont les toits de nos maisons. Alors pour parvenir à tenir debout sur son toit pentu, il a scié les pieds de sa chaise et ceux d'une autre chaise qui lui tient lieu de table sur laquelle il pose sa machine à écrire. Comme il n'est pas bricoleur, puisqu'il est écrivain, rien que pour parvenir à scier les pieds de ces chaises afin qu'elles soient

---

[28] Editions Robert Laffont, 1990

[29] Entretien avec Christian Salmon, publié par les éditions Criterion et intitulé *A bâtons rompus*

à peu près d'aplomb il a dû en abîmer plusieurs… Et devinez pourquoi il écrit sur un toit ? Parce qu'il aime être bronzé ! Alors il suit la courbe du soleil et change de place sur le toit à mesure que le soleil avance… Ça fait de lui un écrivain de la journée, pas un Balzac écrivant la nuit à la lumière de sa bougie en sirotant du café. Hrabal ne boit pas de café mais des bières, des *Pilsen*, du nom de la ville tchèque où est fabriquée cette bière... parce qu'il est tchécoslovaque, Hrabal… Comme il aime boire des bières, il profite toujours d'une occasion pour aller en boire dans les bistrots et quand il est au bistrot impossible de le déloger ce qui fait qu'il n'écrit pas beaucoup … Ou plutôt qu'il n'écrit pas longtemps… Dès que sa femme a le dos tourné, il file au bistrot. Alors pour compenser le fait de ne pas écrire longtemps, il écrit vite et tape à toute allure sur sa vieille machine à écrire marque *Perkeo*... et c'est ça qui donne ce style d'écriture sans ponctuation et qui ne respecte pas les accents propres à la langue tchèque. L'écriture d'un gars pressé qui a peur que ce qui lui passe dans le ciboulot s'en aille avant qu'il ait eu le temps de le taper sur sa vielle machine...

Cet éternel besoin d'aller vite, d'avoir fini avant de commencer, de toujours partir pour être ailleurs, lui vient de son enfance : « De l'école primaire jusqu'au baccalauréat, ma maman n'a cessé de se tourmenter, tous les jours, à peine levée, elle était là à se lamenter. Qu'est-ce qu'on fera de toi ! Mon petit, mais qu'est-ce qu'on fera de toi. Comprenez-moi, à présent, lorsque je m'en souviens, alors je me mets à suer à grosses gouttes, parce que maman avait raison, aujourd'hui encore : qu'est-ce qu'on va faire de moi ? Car tout enfant déjà, j'étais sans cesse ailleurs, même quand j'étais ailleurs qu'à la maison – dans cet ailleurs-là j'étais encore ailleurs. » C'est seulement vers la fin du livre que l'on apprend, de la bouche de sa mère, pourquoi Hrabal a tant besoin de fuir : « La vérité c'est que j'ai mis mon fiston au monde sans être mariée... En ce temps-là, c'était la honte … Je me souviens, c'était un dimanche, maman préparait le déjeuner et moi j'ai dit à papa que j'étais enceinte et que pour l'instant mon amoureux ne voulait pas m'épouser... papa qui avait la tête près du bonnet m'a attrapée par les épaules, m'a traînée dans la cour, ensuite il est allé prendre son fusil de chasse et il a crié... à genoux, je vais te tuer... J'ai eu terriblement peur, je l'implorais mains jointes... Mais dans sa sagesse ma mère est sortie et nous a dit... Laissez cela, venez manger, ça va refroidir... »

Hrabal s'est soigné par l'écriture : « écrire pour moi c'est une façon de me défendre du suicide, comme si je fuyais ce moi qui me court après ». Nul ne sait s'il a sauté accidentellement ou de façon délibérée par la fenêtre de l'hôpital où il était soigné, une seule chose est sûre, ce 3 février 1997, Hrabal a cessé de fuir.

Irving, John, romancier et scénariste américain, né le 2 mars 1942 à Exeter, New Hampshire

Les lecteurs français ont découvert John Irving, par *L'Hôtel New Hampshire*[30], au début des années 80. *Le Monde selon Garp* fut le livre de sa consécration, permettant à son auteur de vivre exclusivement de son écriture. Ses livres suivants semblèrent en deçà (*Un mariage poids moyen, L'Épopée du buveur d'eau…*). En fait, ils avaient été écrits antérieurement mais ne furent édités en France qu'après le succès du *Monde selon Garp* (ceci expliquant cela). On y retrouvait les mêmes sujets récurrents (Vienne, les ours, l'opposition des sexes, les mutilations du corps…), la même écriture bienveillante envers les personnages, et de l'humour, beaucoup d'humour.

Puis sortirent *L'œuvre de Dieu, la part du Diable* et *Une prière pour Owen* qui sont, avec *Garp*, le tiercé gagnant de l'œuvre littéraire de John Irving ; des livres dont on ne se lasse pas de retrouver les personnages, comme on aime revoir de vieux copains. Ces trois livres sont également des romans politiques, au sens où Irving y affiche une position anticonformiste au regard de l'Amérique puritaine : contre l'intolérance et la discrimination, la guerre du Vietnam, Ronald Reagan… Il publia ensuite d'autres romans, mais la magie n'opérait plus : Irving semblait s'accommoder des recettes d'écriture qui avaient fait son succès. Jusqu'à la publication de son dernier roman *A moi seul bien des personnages*[31]. Car, là, pas de doute ! Le génie a de nouveau frappé à la porte de ce bon vieux John, seize livres au compteur et âgé de 71 ans à la parution du livre. Dans celui-ci (écrit à la première personne) on suit Billy, de sa naissance à la vieillesse – le personnage a le même âge que John Irving. Billy, garçon sans

---

30 Tous les livres de John Irving sont édités au Seuil

31 Seuil, avril 2013

père prend le nom de son beau-père à l'adolescence, après que sa mère se fut enfin décidée à reconquérir un homme suite à sa déconvenue avec le père de Billy. Ce sera ce père de substitution qui mènera Billy à la bibliothèque « où il ne lui faudra qu'une minute de tension libidinale secrète pour désirer à la fois devenir écrivain et coucher avec Miss Frost (la bibliothécaire) – pas forcément dans cet ordre, d'ailleurs » est-il précisé à la première page du livre. En grandissant, Billy se découvre avoir des béguins tant pour certaines femmes que pour certains hommes… Cette bisexualité tiendra lieu, dans sa vie, à la fois de stimulation et de trouble, tant elle viendra achopper sur les préjugés de nombre de ceux qu'il sera amené à côtoyer… sans compter la tragique traversée des années sida. Dans le monde selon Billy, on est prié de ne pas coller d'étiquette aux gens avant de les connaître !

John Irving prétend qu'il n'y a pas d'intérêt à savoir si un livre est ou non autobiographique. Selon lui, si le roman est bon, la question n'est pas pertinente. Pourtant, certains thèmes récurrents abordés tout au long de son œuvre forment un troublant reflet de son enfance. Sa mère l'a mis au monde hors des liens du mariage au sein d'une famille distinguée et respectable de la Nouvelle-Angleterre, refusant de dévoiler l'identité du père. Il fut élevé par sa grand-mère et ses tantes jusqu'à l'âge de six ans. « Ces femmes étaient aux commandes, elles étaient très fortes, très têtues, très impressionnantes. Peut-être cela m'a-t-il influencé tôt dans mon enfance », écrit-il[32]. Il retourna vivre chez sa mère une fois celle-ci remariée avec un professeur, qui adopta John et lui donna son nom. Jamais John ne chercha à retrouver son père biologique (« j'avais déjà un père », dit-il) et il ne connaîtra son identité qu'une fois celui-ci décédé. Ces différents épisodes imprègnent fortement ses romans… même si l'auteur s'est attaché à brouiller les pistes. Dans *A moi seul bien des personnages*, un ami de Billy le présente ainsi : « Bill est romancier, mais il écrit à la première personne, sur un mode de confession intégrale ; en réalité, sa fiction est on ne peut plus proche de l'autobiographie. » John Irving semble écrire en conscience… Ça lui réussit. Et ça fait un bien fou au lecteur aussi !

---

32 *L'express*, 21 janvier 2011

Juliet, Charles, écrivain français né le 30 septembre 1934 à Jujurieux dans l'Ain

« Ta mère te prend par le bras et avec douceur t'apprend que tu as une autre mère, qu'elle était à l'hôpital et qu'elle vient de mourir[33]. » Charles Juliet a sept ans quand cet épisode survient. Depuis tout petit, il vit dans une famille pauvre mais aimante, au milieu de beaucoup d'autres enfants, dans une ferme du Jura. Il a été placé là par son père, un mois après sa naissance et juste après l'internement de sa mère en hôpital psychiatrique, suite à une tentative de suicide, hôpital qu'elle ne quittera plus. L'enfant n'en a jamais rien su. Jusqu'à ce jour où il apprend simultanément l'existence de sa mère et sa mort. « L'enterrement. La maison où elle a vécu et où le père habite. Tu fais sa connaissance et aussi celle de tes frères et de ta sœur. De violentes émotions. Un état de stupeur. Tu voudrais voir le visage du père mais ton regard reste obstinément rivé sur le bout de tes chaussures. »

Charles Juliet. Son écriture taillée à la serpe. Incisive. Précise. Acérée. Des mots simples. Des mots qui sonnent juste. Des phrases courtes, tendues comme un arc prêt à lancer sa flèche. Visant le cœur. A chaque fois, il fait mouche. Une écriture qui vient de loin. D'un travail intense permettant de remonter à la source. A contre-courant de tout : de la société, de lui-même, du chemin tout tracé qui semblait se dessiner devant lui (enfant de troupe, école de santé militaire). Il lui en a fallu de la persévérance pour faire le choix de l'écriture. Ou plus exactement pour fonder sa vie sur l'écriture. Alors même que cette voie lui semblait sans issue : « Tu veux écrire mais tu ignores tout de ce en quoi consiste l'écriture. De surcroît, tu n'as

---

[33] Toutes les citations (hormis celles précisées spécifiquement) sont extraites de *Lambeaux*, P.O.L. 1995

strictement aucune culture. Lorsque tu en prends conscience, tu es accablé et tu comprends que pendant des années, tu vas devoir faire des gammes et dévorer des centaines, peut-être des milliers de livres. » Avec l'obstination du milieu paysan dont il est issu, sans jamais dévier du sillon qu'il s'est tracé, Charles Juliet se confronte à l'écriture. La forme du journal s'impose naturellement à lui. Ce journal lui permet une lente, douloureuse mais féconde descente en lui-même. « Au début je ne savais pas très bien ce que je faisais... j'ai pris un cahier sur lequel j'essayais de noter ce que je percevais de ma réalité interne. En fait dans ce journal, je parle très peu de l'extérieur, parce que celui-ci était sans intérêt. Ce qui me passionnait, c'était d'observer ce qui se passait en moi, de le fixer pour pouvoir le comprendre. Donc, pendant des années, je n'ai été capable que de tenir ce journal.[34] » Quinze années de combat, de travail solitaire sans savoir où ce chemin le menait. Quinze années d'écriture et de travail sur soi, avant que ne soit publié *L'Année de l'éveil*[35], récit de sa vie d'enfant de troupe, dont Gérard Corbiau s'inspira pour réaliser un film portant le même nom. En travaillant sur *Lambeaux*, relatant l'histoire de ses deux mères – la mère biologique et la mère nourricière – il continue à creuser en lui-même : « Cette aventure, tu sens que tu dois la vivre en demeurant seul. Que tu dois rejeter tout appui et accepter les risques qu'elle comporte. Tu estimes qu'en vivant pleinement ce qui est exigé de toi, tu seras en mesure de jeter bas tes défenses et de creuser en toi jusqu'à pouvoir désenfouir ta véritable personnalité. » Il engage dès 1983 un premier écrit mais, après une vingtaine de pages, l'abandonne car cela remue trop de choses. « Si tu parviens un jour à le mener à terme, il sera la preuve que tu as réussi à t'affranchir de ton histoire, à gagner ton autonomie. » Il lui faudra douze années de plus pour achever ce petit livre qu'est *Lambeaux* – à peine plus de cent pages – et parvenir à (re)donner une voix à ses deux mères. « Ni l'une ni l'autre de tes deux mères n'a eu accès à la parole. Du moins à cette parole qui permet de se dire, se délivrer, se faire

---

[34] *Charles Juliet en son parcours. Rencontre avec Rodolphe Barry,* Edition Flohic, 2001

[35] POL, 1989

exister dans les mots. Parce que ces mêmes mots se refusaient à toi et que tu ne savais pas t'exprimer, tu as dû longtemps lutter pour conquérir le langage. Et si tu as mené ce combat avec une telle obstination, il te plaît à penser que ce fut autant pour elles que pour toi. »

Le chemin intérieur parcouru par Charles Juliet avec l'écriture semble le même que celui initié par sa mère biologique lorsqu'elle était adolescente, puis jeune femme. La démarche d'écriture qu'elle adopta pourrait s'appliquer à lui : « Ce que balbutie ta voix intérieure et qui, dans ce profond silence, prend un tel relief et une telle autorité, tu le consignes dans un cahier, et ainsi passes-tu des heures à aligner des phrases, réfléchir sur un mot, sonder les énigmes que sont la vie et la mort. En fin d'après-midi, quand tu as écrit une ou deux pages, tu te sens pacifiée, et ce qui initialement te paraissait placé sous le signe du négatif se présente sous un tout autre aspect. » La même démarche d'écriture. La même recherche. Sauf que la mère se cache pour écrire alors que Charles Juliet est soutenu par son épouse. Pour lui, le chemin ne se terminera pas en impasse mais en ouverture au monde et à l'autre. Fallait-il qu'il refasse le chemin inabouti de sa mère pour enfin pouvoir être libéré de son fardeau ?

L'écriture de Charles Juliet est libératrice. Elle sauve du silence, de la mort et de l'oubli. Elle donne enfin une voix à « ceux et celles qui ne se sont jamais remis de leur enfance, ceux et celles qui s'acharnent à se punir de n'avoir jamais été aimés, ceux et celles qui n'ont jamais pu parler parce qu'ils n'ont jamais été écoutés, ceux et celles qui étouffent de ces mots rentrés pourrissant dans leur gorge ».

Kafka, Franz, écrivain pragois de langue allemande, né le 3 juillet 1883 à Prague, et mort le 3 juin 1924 à Kierling (Autriche)

C'est en lisant plusieurs livres publiés par la maison d'édition NiL que j'ai découvert l'existence de la *Lettre au père*[36] de Franz Kafka. NiL a en effet lancé en 2010 une collection intitulée *Les Affranchis* qui précise en introduction : « Quand tout a été dit sans qu'il soit possible de tourner la page, écrire à l'autre devient la seule issue. Mais passer à l'acte est risqué. Ainsi, après avoir rédigé sa *Lettre au père*, Kafka avait préféré la ranger dans un tiroir. Écrire une lettre, une seule, c'est s'offrir le point final, s'affranchir d'une vieille histoire. La collection *Les Affranchis* fait donc cette demande à ses auteurs : Écrivez la lettre que vous n'avez jamais écrite. » Cette collection comporte quelques joyaux dont nous aurons l'occasion de reparler… Pour l'instant, concentrons-nous sur la *Lettre au père* écrite par Kafka !

Si l'on en croit la plupart des critiques littéraires et des sites Internet qui le présentent, Franz Kafka est partout considéré comme l'un des écrivains majeurs du XXe siècle, précurseur dans la critique de la société moderne, en ce qu'elle a d'absurde et de bureaucratique. « Il laisse une œuvre caractérisée par une atmosphère cauchemardesque, sinistre, où la bureaucratie et la société impersonnelle ont de plus en plus de prise sur l'individu.[37]» Ses textes seraient avant tout le reflet de ce qu'il vécut au cours de son activité professionnelle. « Le jeune Kafka poursuit des études de droit avant d'être embauché par une compagnie d'assurance. Cette expérience de la bureaucratie

36 La *Lettre au père* de Franz Kafka peut se télécharger sur le site : http://www.ebooksgratuits.com/ebooks.php

37 *Wikipedia*

inspire en partie son œuvre, notamment ses deux romans majeurs : *Le Procès*[38] et *Le Château*[39]. Il y développe avec angoisse et ironie un univers labyrinthique et absurde, un monde que le langage courant qualifiera par la suite de "kafkaïen".[40] » Si l'on prend cependant la peine de lire avec un peu d'attention la *Lettre au père*, une autre hypothèse vient rapidement à l'esprit quant à l'origine de l'atmosphère angoissante qui parcourt son œuvre : c'est bien davantage ce qu'il vécut dans son enfance qui donna à Kafka (de façon sans doute inconsciente) la matière première de ses histoires. Commençant par « Très cher père », Kafka tente d'écrire ce qu'il n'est jamais parvenu jusqu'alors à lui dire de vive voix : « Tu m'as demandé récemment pourquoi je prétends avoir peur de toi. » Précisons qu'il est alors âgé de trente-six ans, qu'il est atteint de tuberculose (il ne lui reste plus que quatre années à vivre). « Comme d'habitude, je n'ai rien su te répondre, en partie justement à cause de la peur que tu m'inspires, en partie parce que cette peur comporte trop de détails pour pouvoir être exposée oralement avec une certaine cohérence. » La lettre s'étale sur cinquante-sept pages, c'est dire qu'elle est argumentée ! Notons également tout l'absurde qui préside à la problématique ici présentée : le bourreau demande à la victime : « pourquoi as-tu peur ? » Le propre de la peur étant de paralyser, la victime est réduite au silence… ce qui exonère le bourreau de toute remise en cause. Cette entrée en matière n'est pas sans rappeler Jospeh K, le personnage principal du *Procès*, qui essaie désespérément de découvrir quel crime il a commis et pour lequel il est poursuivi. « De mes premières années, je ne me rappelle qu'un incident », écrit Franz dans la même lettre. « Une nuit, je ne cessai de pleurnicher en réclamant de l'eau (…), tu me sortis du lit, me portas sur le balcon et m'y laissas un moment seul en chemise, debout devant la porte fermée (…) Bien des années après, je souffrais encore à la pensée douloureuse que cet homme gigantesque, mon père, l'ultime instance, pouvait presque sans motif me sortir du lit la nuit pour

---

38 Paru pour la première fois en 1925

39 Paru pour la première fois en 1926

40 *Evene*

me porter sur le balcon, prouvant par-là à quel point j'étais nul à ses yeux. » Une autre situation vécue décrite dans la lettre n'est pas sans rappeler le personnage de *La Métamorphose*[41], transformé du jour au lendemain en scarabée, craignant en permanence les gestes de ses parents (restés des humains) qui par maladresse ou par méchanceté peuvent le ratatiner sous leurs pieds. Il s'agit de Franz emmené par son père à la piscine : « J'étais déjà écrasé par la simple existence de ton corps (...) Déjà dans la cabine je me trouvais lamentable, et non seulement en face de toi, mais en face du monde entier (...) Mais quand nous sortions de la cabine et nous trouvions devant les gens, moi te tenant la main, petite carcasse pieds nus vacillant sur les planches, ayant peur de l'eau (...) tu ne cessais littéralement de me montrer, j'étais très désespéré.» Quelques pages plus loin, Franz Kafka écrit : « Très tôt, cependant, tu m'as interdit de prendre la parole : "*Pas de réplique !*" cette menace et la main levée qui la soulignait m'ont de tout temps accompagné. (...) Et comme tu étais mon véritable éducateur, les effets s'en sont fait sentir partout dans ma vie (...) Tes moyens les plus efficaces d'éducation orale, ceux du moins qui ne manquaient jamais leur effet sur moi, étaient les injures, les menaces, l'ironie, un rire méchant. » Lorsqu'il était puni ou battu par son père, impulsif et surmené, le petit Kafka ne savait pas où était sa faute tout comme le prisonnier de *La colonie pénitentiaire*[42].

Qu'est devenue cette *Lettre au père* ? Franz l'expédia à sa mère, la priant de la remettre à son mari... La mère refusa et la renvoya au fils. C'est ainsi qu'Hermann Kafka, père très robuste, mais pas très sensible, fut épargné et que le fils, malingre et malade, resta victime de son père (thème qui inspirera le livre *Le verdict*[43]). Ce ne sont là que quelques exemples de liens repérables entre les souffrances vécues par Kafka dans son enfance et les histoires, qu'une fois adulte, il écrivit...[44]

---

41 Publié pour la première fois en 1915

42 Publié pour la première fois en 1919

43 Publié pour la première fois en 1913

44 Un chapitre complet du livre *L'enfant sous terreur* d'Alice Miller (Editions Aubier – 1986) est consacré à Franz Kafka et a largement inspiré cet article

Lê, Linda, écrivaine française d'origine vietnamienne, née en 1963 à Đà Lạt

Les morts hantent les pages des livres de Linda Lê. *Les Évangiles du crime*[45], le livre qui a fait connaître Linda Lê, consistait en une chaîne de disparitions. *In memoriam*[46] faisait figure d'oraison funèbre autour d'une romancière suicidée. Un mari, écrasé par sa femme, monologuait du fond de sa tombe dans *Lame de fond*[47]. Son dernier roman, *Œuvres vives*[48], traite du parcours d'un écrivain maudit qui s'est donné la mort. *Lettre morte*[49] est un livre-hommage rendu à son père décédé. « Les morts ne nous lâchent pas », écrit-elle au début de ce livre.

Née au Vietnam en 1963, Linda Lê doit d'abord fuir la guerre avant de s'exiler en France avec sa mère et ses sœurs en 1977. Elle écrit son premier livre, en français, à l'âge de 23 ans. Dans *Lettre morte*, elle décrit le couple hétéroclite formé par ses parents. Son père avait quitté le Nord du Vietnam lors de la partition du pays, franchissant clandestinement le dix-septième parallèle et errant dans plusieurs villes du Sud avant de rencontrer celle qui allait devenir sa femme. Le mariage eut lieu contre la volonté de la famille de sa femme qui le considérait comme un déraciné, un déchu, un homme du Nord pour lequel les gens du Sud nourrissaient une méfiance tenace. Peu après naissait une première fille, Linda : « Je vins au monde mais je n'avais pas d'existence, je n'étais que l'enfant de mon père, sa chère enfant, un prolongement de lui-même, qu'il langeait, prenait dans ses bras et auquel il donnait la becquée. Ma mère, peu après ma naissance, avait sombré dans une mortelle

[45] Éditions Christian Bourgois, 1992
[46] Éditions Christian Bourgois, 2010
[47] Éditions Christian Bourgois, 2012
[48] Éditions Christian Bourgois, 2014
[49] Éditions Christian Bourgois, 1999

langueur. Elle restait couchée des journées entières dans sa chambre aux volets fermés. Elle n'en sortait que pour faire des reproches à mon père, elle commençait à donner raison à sa famille et regrettait son mariage. Mon père recommença à s'enivrer. Elle détestait le voir boire. La maison retentissait de cris, de disputes. » Trois autres filles vinrent grossir la famille, avant l'exil pour la France de la mère et des enfants, abandonnant le père au pays. « Les jours qui suivirent, il commença à écrire des lettres, bien que ne sachant pas où les envoyer. Je reçus plus tard ces lettres, il y disait sa tristesse, son désespoir. Il attendait mes lettres, qui arrivaient du foyer où j'avais échoué en France. Je me souviens que mes premières lettres étaient baignées de larmes », écrit-elle encore dans *Lettre morte*. Est-ce ces premières lettres au père qui donnèrent à Linda Lê le goût de l'écriture ? J'ai la faiblesse de croire que l'exil et la séparation d'avec son père adulé créèrent les conditions de sa vocation. D'autant qu'elle répondait ainsi au souhait de son père : « C'est lui qui m'a incitée à devenir écrivain.[50]» La plupart des livres de Linda Lê ressemblent à d'interminables lettres, comme si elle écrivait, encore et encore, d'intarissables courriers à son père pour combler l'absence et calmer le remords, pour lui décrire l'exil, encore et encore.

A l'enfant que je n'aurai pas[51] fait partie de la collection *Les Affranchis* qui demande à ses auteurs d'écrire la lettre qu'ils n'ont jamais écrite. Soixante-cinq pages d'une écriture érudite, ciselée, précise, onctueuse ou acidulée à laquelle nous a habitués Linda Lê. A la fin de cet ouvrage, Linda Lê écrit que cette lettre s'adresse « à toutes celles qui se sont dispensées de se conformer aux lois de la nature ». Un peu comme si elle s'écrivait à elle-même… Possible, mais difficile à croire ! Le destinataire semble ailleurs. Proche, comme l'est le coupable dans un polar ; personnage secondaire auquel on n'avait pas pensé mais qui se révèle finalement bien différent de celui auquel on croyait avoir affaire. Dans le cas de Linda Lê, le coupable le plus probable, celui qui serait à l'origine de son

---

[50] Interview de Marine Landrot dans *Télérama* du 21 aout 2010
[51] Éditions NiL, 2011

non-désir d'enfant, pourrait être sa propre mère, surtout que celle-ci n'a « jamais lu une seule de [ses] publications ». Surnommée *Big Mother* par ses enfants, la mère constitue le principal argument pour ne pas enfanter. Un argument élaboré dès l'adolescence : « Déjà à l'époque, je me jurais de ne jamais être mère, pour ne pas donner à mes enfants l'éducation que j'avais reçue. Mes sœurs pensaient pouvoir conjurer la fatalité de la répétition, moi, à l'inverse, je craignais de reproduire des mécanismes d'autoritarisme. » Adulte, cette volonté n'a fait que se renforcer, même si sa dépendance à la mère s'est un peu atténuée : « C'est seulement aux alentours de la trentaine que j'ai pu vaincre quelque peu ma terreur pour elle », écrit-elle, reconnaissant toutefois n'être « jamais parvenue à couper le cordon ombilical». Sans vouloir jouer les « psychanalystes au rabais », pour reprendre une expression qu'elle prête à S., son conjoint de l'époque, qui avait diagnostiqué « un maboulisme qui irait en s'aggravant », c'est peut-être là que la boucle se ferme, que cause et conséquence trouvent leur point de rencontre. Car Linda Lê, une fois adulte, ne s'est-elle pas, malgré tout, conformée au discours impératif de ses parents ? Trouvant le salut dans l'écriture, pour satisfaire son père. Vivant, la plupart du temps, seule (et sans enfant) pour donner raison à sa mère : « De ses quatre filles, j'étais celle qui correspondait le moins à ses canons esthétiques. Selon Big Mother, j'étais un laideron, je faisais bien d'être bûcheuse, car je n'étais pas mariable – qui s'intéresserait à moi, promise à un emploi d'institutrice ou de prof de français, insatisfaite et mal rétribuée ? » Cette *Lettre à l'enfant que je n'aurai pas*, comme une lettre à la mère qui ne s'avouerait pas ? Avec le secret espoir qu'elle ne finisse pas, comme la *Lettre au père* de Franz Kafka, au fond d'un tiroir !

Mavrikakis, Catherine, écrivaine et essayiste québécoise, née le 7 janvier 1961 à Chicago, Illinois (Etats-Unis)

Est-ce un effet de leur double culture orientale et occidentale ? Catherine Mavrikakis partage avec Linda Lê un goût immodéré des morts. Amy, l'héroïne de *Le Ciel de Bay City*[52], adolescente issue d'une famille juive polonaise émigrée aux États-Unis après-guerre, pour tenter de fuir un passé familial trop lourd, voit sa famille brûler vive dans l'incendie de leur maison de tôles. *Les Derniers Jours de Smoley Nelson*[53] évoque l'exécution d'un condamné à mort, accusé d'avoir sauvagement tué, à l'âge de dix-neuf ans, un couple et leurs deux enfants dans un motel d'Atlanta. Selon Catherine Mavrikakis : « les morts continuent à vivre avec nous pour une raison psychique. C'est très difficile de comprendre que quelqu'un est mort. On était fâché avec quelqu'un et dix ans après sa mort, on va se réconcilier. Il y a une vie des morts à travers les vivants. (…) Si on me pose la question en tant qu'intellectuelle, je répondrai que je considère la présence des morts dans nos vies comme un aspect de notre réalité psychique. Mais dans les romans, c'est génial de faire venir les fantômes ! »[54]

Les fantômes hantent à nouveau son dernier livre dans lequel elle se décrit comme « une romancière à qui l'on reproche sans cesse de ne parler que de macchabées ». *La Ballade d'Ali Baba*[55] est un ouvrage en clair-obscur, aux frontières floues, entre roman et conte initiatique aux contours de rêve, entre récit autobiographique et histoire fantastique pour ne pas dire

52 Éditions Sabine Wespieser – 2009, Héliotrope – 2008
53 Éditions Sabine Wespieser – 2012, Héliotrope – 2011
54 Interview par Pierre-Luc Landry dans Entrevues, 18 septembre 2014
55 Éditions Sabine Wespieser, – 2014, Héliotrope – 2014

fantasque, un livre plein d'humour sur un sujet qui pourtant prête peu à rire : la mort du père ! Celui de l'auteure, qui plus est ! Car Vassili Papadopoulos ressemble à s'y méprendre au père de l'auteure tant par son parcours géographique (naissance en Grèce, migration familiale dès l'enfance à Alger, vie adulte en Amérique) que par sa conception du couple et de la famille. « J'avais des rapports très conflictuels avec mon père mais nous nous sommes réconciliés peu avant sa mort. Pour lui rendre hommage, j'en ai fait un héros de roman. Pour moi, mon père était un personnage plus grand que nature, si bizarre et si excessif qu'on ne peut que rigoler ou se fâcher en l'évoquant. J'ai préféré rire.[56] » Car Vassili croit en la vie et au rêve américain. Quitte à le réinventer si la réalité n'est pas tout à fait à la hauteur. Un rêve que Vassili parvient, un temps, à faire partager à Erina, sa fille aînée (« sa préférée ») qu'il entraîne volontiers dans ses virées festives : des casinos de Las Vegas (« j'étais là pour porter bonheur à mon père ») aux réveillons de Nouvel An en bord de mer, quitte à parcourir plus de journées en voiture que de temps à flâner sur la plage. « J'eus la prémonition de ces instants fervents, fiévreux, qui seraient nôtres pendant trois jours. Le bonheur tout à coup m'apparut. Il était là devant moi. Je n'avais qu'à tendre la main pour le saisir. Après, je le sentais, je ne pourrais jamais être plus joyeuse » pense Erina alors qu'elle n'a que neuf ans. Rapidement, sa prémonition se vérifiera. Un jour de juillet, Vassili déposera femme et enfants pour une semaine de vacances. Il ne reviendra jamais les chercher. « A partir de l'âge de onze ans, je n'eus pendant des années presque plus aucun signe de vie de mon père. Pendant une trentaine d'années, mon père disparut presque totalement de ma vie. » Et puis, sans prévenir, comme dans la chanson de Barbara : « il était revenu ». Vieux, maigre et malade, mais suffisamment convaincant pour décider sa femme à vivre à nouveau avec lui. Jusqu'à sa mort, quelques années plus tard.

Aussi, neuf mois après sa mort, Erina est-elle à peine surprise lorsqu'elle se retrouve nez à nez, un soir de tempête

---

[56] Extrait de l'interview avec Danièle Laurin pour *Elle*/Québec

hivernale, avec le fantôme de son père, traînant dans les rues enneigées de Montréal. « Après tous ces faux départs et vrais retours, mon père n'était peut-être pas tout à fait mort. J'avais été idiote de clore l'affaire si vite », se dit-elle. Car, on n'en finit jamais tout à fait avec nos morts, semble nous dire Catherine Mavrikakis. Ou, pour être tout à fait exact, c'est Vassili qui le lui fait comprendre, sur un ton de reproche : « Mais qu'est-ce que ces Nord-Américains, ces Occidentaux peuvent comprendre à la mort ? Il faut être oriental pour approcher cela... Tu es devenue comme eux, on dirait ... Voilà que tu te fies à la réalité des vivants... Il me semble, ma fille, que je ne t'ai pas éduquée ainsi ! Nous avions le culte des morts, chez nous. On ne les foutait pas à la porte, hors de nos vies, à toute allure, d'un coup de balai... Ta grand-mère a toujours été présente à mes côtés, et aux tiens. Tu ne l'as pourtant jamais connue. Je te lisais et te racontais des histoires auxquelles tu croyais quand tu étais petite. Les morts, les morts... mais tu crois qu'on est où ? Dans l'au-delà ? Ou alors tu penses qu'on a disparu à tout jamais... Ça serait trop simple. » Simple pourtant, le roman de Catherine Mavrikakis l'est. Comme un conte pour enfants. Un conte multipliant les effets d'étrangeté suscités par des adjectifs rares ou décalés : le ciel est *tumescent*, l'océan *matutinal*, le père est diagnostiqué *délirieux*, la surveillance exercée sur lui par sa femme *panoptique*... La narration concentre toutes les couleurs de l'enfance : on compte plus de cent noms de couleurs au gré des pages de ce récit transparent sur la vie et la mort des êtres qui nous sont chers. « Les morts sont peut-être légers, après tout. Débarrassés de la mort, de la peur constante que les vivants ont d'elle. Cela n'est pas rien. Cela a de quoi rendre heureux. » Comme chez Hrabal, l'écriture de Catherine Mavrikakis parle directement à l'inconscient du lecteur. Elle avance en spirale, créant par cet effet de répétition une étrange impression de déjà-vu. Comme dans un rêve. Ou un au-delà...

Nathan, Tobie, universitaire, diplomate et écrivain de nationalité française, né le 10 novembre 1948 au Caire en Égypte

Le prénom que l'on porte, le pays que l'on quitte ou encore la religion de ses parents sont des marqueurs que Tobie Nathan a transformés en vitalité.

Contrairement aux apparences, *Ethno-roman*[57] n'est pas un roman. Ce n'est pas non plus un essai, ni un livre de vulgarisation de l'ethnopsychiatrie. Ce n'est pas non plus une autobiographie conventionnelle. C'est beaucoup plus que cela. Un livre hybride, parlant du passé pour les générations futures, jouant des complémentarités entre la raison et l'irrationnel, à cheval sur plusieurs cultures et ouvrant des portes sur des mondes invisibles. Un livre qui ressemble à la description que Tobie fait de son père : « Un insoumis fondamental, silencieux et souriant, moqueur et taquin, farouchement lui-même – un autonome ! » C'est à un récit de vie éclaté dans l'espace et le temps que nous convie Tobie Nathan. S'il emploie cette forme zigzagante, c'est pour mieux démontrer que la vie n'a rien de linéaire, qu'elle est le résultat de combinaisons visibles et invisibles qui échappent la plupart du temps à celui qui croit en tenir les rênes et que « le métier d'homme n'est rien d'autre que la tentative toujours répétée de percevoir ses propres singularités et de les apprivoiser. »

Tobie Nathan est né au Caire, en 1949. Il a huit ans lorsque sa famille est expulsée d'Égypte – parce qu'elle est juive. Elle émigre d'abord en Italie, puis en France, où elle débarque en région parisienne, dans un HLM de Gennevilliers où, déjà, on regroupe les immigrés. Le regard rétrospectif qu'il porte sur ses années d'école devrait servir de base pour réformer l'Éducation

[57] Grasset, 2012 – Le livre de poche, 2014

nationale. Enfant, il apprend davantage au contact de sa mère. « Je dois dire que j'ai aimé partager avec elle ce défi à l'école. J'en ai gardé la conviction que l'école n'enseignait rien ; qu'elle ne pouvait que modeler. Apprendre, c'est si facile, avec un maître qui aime enseigner ! Avec elle, j'ai appris ! Car là résidait son plaisir, sa seule source de plaisir. » A l'adolescence, la rue et les copains deviennent sa seconde école. Avant le grand bain régénérant de mai 68. « Le printemps 68 nous aura légué un bel été. La France commençait à ressembler à mon monde intérieur. Tous mes amis d'alors rêvaient comme moi d'expérimenter de nouvelles formes d'existence. » La déconvenue de l'automne est à la hauteur de ce que fut l'espérance du printemps (« Peut-être que mai 68 avait été inventé par un démiurge de la société de consommation ? »). La faculté de sociologie où il est inscrit le désespère. Il prend le parti d'apprendre ailleurs et devient le disciple d'un professeur à la pensée libre et originale : Georges Devereux, qui le choisit dès leur première entrevue, comme son successeur. « Je me dis aujourd'hui que cette rencontre s'articulait si parfaitement avec mes préoccupations d'alors, avec mon histoire et celle de ma famille, qu'elle ne pouvait être due au hasard. Il parlait de psychanalyse, cette discipline que je voulais pénétrer à tout prix depuis l'adolescence. Et puis, la plupart de ses interrogations concernaient les identités, les affiliations, les langues et les cultures, moi qui en avais traversé trois, sans savoir identifier la mienne. » Devereux le reniera, quelques années plus tard, lorsque Tobie Nathan créera ses premières consultations d'ethnopsychiatrie où il soignera des immigrés sujets aux maladies mentales, en s'appuyant sur leur culture d'origine. Selon le principe qu'aucun homme n'est mû par sa seule volonté mais demeure enraciné comme l'arbre, attaché à son monde et à sa lignée.

L'histoire de son prénom résume à elle seule le concept de l'ethnopsychiatrie. A sa naissance, Tobie aurait dû, selon la tradition juive, prendre le prénom de son grand-père maternel. Mais la mère de Tobie était fâchée avec son père. Persuadée qu'elle était enceinte d'un garçon, elle cherchait vainement quel prénom lui donner lorsqu'elle fit un rêve où lui apparut le grand-père de son père, le rabbin Yom-Tov, qui lui déclara, après avoir bu du café et goutté les dernières confitures qu'elle venait de confectionner : « C'est que je vais m'installer dans ta maison. » Lorsqu'il naquit, quelques mois plus tard, il fut décidé qu'il s'appellerait Tobie, qui est le diminutif de Yom-Tov. « Nous étions en 1948. Le Moyen-Orient est né cette année-là avec une cicatrice en plein milieu : Israël. » Dans l'ambiance antisémite qui régnait alors au Caire, le père, parti déclarer l'enfant, n'eut pas le courage de prononcer un nom juif devant l'officier d'état civil. « Comment aurait-il pu déclarer ce nom, mon nom, Yom-Tov ? Autant se suicider tout de suite... » Alors, il décida de traduire en arabe Yom-Tov (qui signifie « Jour de fête » en hébreu) et il le déclara sous le nom d'‘Eïd. « A la maison, tout le monde m'appelait "Tobie" ; c'était mon nom, celui auquel je répondais. C'est resté mon nom. Mais je n'ai jamais pu l'inscrire sur mes papiers d'identité. » En 1969, quand il obtint la nationalité française, il demanda à changer de prénom. « Tobie ? s'étonna le commissaire de police, qu'est-ce que c'est ce prénom ? J'ai insisté : Tobie, c'est dans la Bible... La Bible, on s'en fiche, répondit sévèrement le commissaire, il faut choisir un prénom dans le calendrier. J'ai cherché une semaine. Je voulais au moins conserver l'initiale... Théophile ! Voilà le prénom que j'ai choisi ! » Si Tobie Nathan est devenu écrivain, n'est-ce-pas pour que le prénom que lui ont donné ses parents puisse être inscrit, noir sur blanc, sur la couverture de ses livres, à défaut de l'être sur sa carte d'identité ?

Orwell, George, écrivain et journaliste britannique, né Eric Arthur Blair le 25 juin 1903 à Motihari, Bihar (Inde) pendant la période du Raj britannique et mort le 21 janvier 1950 à Londres

L'enfance peut s'avérer être le contraire du jeu et de la liberté. Dans *Tels, tels étaient les plaisirs*[58] un texte autobiographique peu connu écrit peu avant sa mort, George Orwell revient sur la façon dont il vécut sa scolarité, dans un internat dont la discipline était toute militaire.

Dans un article sur l'autobiographie de Salvador Dali, George Orwell écrit : « Les seules autobiographies dignes de foi sont celles qui dévoilent quelque chose de honteux. Un homme qui se dépeint sous un jour favorable est probablement en train de mentir, car toute existence, vue de l'intérieur, n'est qu'une longue suite d'échecs.[59] » Si l'on adopte ce postulat, il semble probable que le récit qu'Orwell fit de sa vie scolaire soit tout à fait authentique, autant du moins qu'un récit autobiographique puisse l'être, compte tenu du fait que l'auteur relate avec les mots et son expérience d'adulte des faits qu'il a vécus enfant. *Tels, tels étaient les plaisirs* est un texte – publié dix-huit ans après la mort d'Orwell afin d'échapper aux attaques en justice pour diffamation – qui dévoile plusieurs expériences qu'Orwell fit de la honte et de la culpabilité.

Enfant, le petit George vécut avec sa mère et ses deux sœurs. Il était l'enfant du milieu, séparé de chacune de ses sœurs par un fossé de cinq ans. Il ne vit pratiquement jamais son père avant l'âge de huit ans, ce dernier travaillant en Inde pour l'Empire

---

[58] Livrea, 2005. Texte écrit en 1947

[59] *L'immaturité artistique : quelques notes sur Salvador Dali* in *Tels,tels étaient les plaisirs* et autres essais, Livrea, 2005

britannique. « Pour cette raison comme pour d'autres, j'étais quelque peu solitaire et j'eus vite fait de prendre des habitudes désagréables qui me rendirent impopulaire tout au long de ma scolarité. J'avais de l'enfant solitaire cette habitude d'inventer des histoires et de converser avec des personnes imaginaires. Je pense que depuis le tout début, mes ambitions littéraires furent liées au fait de m'être senti isolé et sous-estimé.[60] » Huit ans correspond, dans les années précédant la guerre de 14-18 en Angleterre, à l'âge où les fils de la classe moyenne (et aussi ceux de la haute bourgeoisie) sont envoyés à l'école – une *prep school* qui doit les conduire vers l'âge de dix-huit ans à l'université. George se retrouve à St Cyprian, un pensionnat du Sussex, sur la côte sud de l'Angleterre. « A la maison, c'était sans doute loin d'être parfait, mais au moins l'amour l'emportait sur la crainte... A huit ans vous étiez tout à coup extrait de votre nid douillet et précipité, comme un poisson rouge dans un bassin rempli de brochets, dans un monde où régnaient la force, la fraude et le secret » écrit-il. St Cyprian était une école snob et chère, qui accueillait une minorité d'enfants d'aristocrates, beaucoup d'enfants de familles bourgeoises aisées et quelques élèves issus de milieux plus modestes, dont les études étaient financées par une bourse et qui servaient de caution à l'école lorsqu'ils étaient admis, à leur sortie, dans une université prestigieuse. George Orwell fait partie de cette dernière catégorie. Le directeur et son épouse adoptent des attitudes très différentes selon la catégorie sociale à laquelle appartiennent les élèves. Les enfants des classes supérieures ne sont jamais battus. On rappelle sans cesse aux autres qu'ils sont pauvres et vivent de la *bonté* du directeur de l'école.

Peu après son entrée à St Cyprian, le petit George se remet à faire pipi au lit. A cette époque, c'est considéré comme une atteinte aux bonnes mœurs et l'on croit que les enfants le font sciemment. Après quelques nuits de lit mouillé, George est envoyé chez le directeur pour y être « corrigé ». La correction consiste à le sermonner puis, tout en scandant « petit-enfant-

---

[60] *Pourquoi j'écris,* 1946, cité par Bernard Crick dans *George Orwell, une vie*, Balland, 1980

malpropre », à lui frapper le derrière à coup de cravache. A sa sortie du bureau du directeur, George a le malheur de dire avec fierté à des petits camarades qu'il n'a pas eu mal. Ses propos sont entendus par la femme du directeur, ce qui lui vaut d'être à nouveau frappé, cette fois avec un tel acharnement que la cravache finit par casser. George s'effondre, en larmes. « J'étais la proie de ce chagrin propre à l'enfance, si profond qu'il n'est pas facile à décrire : un sentiment de solitude et d'abandon sans remède, l'impression d'être prisonnier d'un monde non seulement hostile, mais où le bien et le mal étaient régis par des règles auxquelles il m'était en fait impossible de me conformer. » *Tels, tels étaient les plaisirs* énumère d'autres exemples du fonctionnement de l'école que l'on pourrait désigner sous le vocable d'*orwelliens,* en référence au livre *1984*[61] ou encore de « pédagogie noire » pour reprendre les termes employés par Alice Miller. « Une des maximes qu'on nous rabâchait à St Cyprian prônait comme particulièrement sain le fait de quitter la table aussi affamé qu'on l'était en arrivant. » Ce type de propos n'est pas sans rappeler les trois slogans paradoxaux du parti au pouvoir dans *1984* : « LA GUERRE C'EST LA PAIX / LA LIBERTE C'EST L'ESCLAVAGE / L'IGNORANCE C'EST LA FORCE ».

« Dans l'ensemble, un enfant accordera foi à ce qu'on lui dit, et prêtera même aux adultes de son entourage des connaissances et des pouvoirs dénués de toute vraisemblance. » En voici un exemple. Il était interdit aux pensionnaires de conserver de l'argent. Un jour où on l'avait envoyé faire une course, George, qui avait conservé un shilling au fond de sa poche, entra dans une confiserie s'acheter des chocolats. En sortant de la boutique située à quatre kilomètres de l'école, il vit sur le trottoir d'en face un homme qui semblait le fixer avec insistance. Aussitôt, il prit peur et partit en courant, persuadé qu'il s'agissait d'un espion, posté là pour le surveiller. Toute la journée suivante, il s'attendit à être convoqué dans le bureau du directeur. A son grand étonnement, rien ne se passa. « J'étais persuadé que chaque adulte, aussi bien dans l'enceinte de l'école qu'à

[61] Gallimard, 1950 (pour la traduction française)

l'extérieur, se comportait en auxiliaire bénévole pour nous empêcher d'enfreindre le règlement. » Une ambiance délétère de *Police de la Pensée* digne de *1984*.

Le biographe Bernard Crick[62] ne voit dans les faits décrits par George Orwell sur St Cyprian qu'une exagération de la réalité et considère qu'aucun lien ne peut être établi entre l'enfance d'Orwell et la teneur de ses écrits futurs. Pourtant, les sentiments de honte et de culpabilité, vécus dans cette école par George Orwell, ont dû contribuer à forger, chez cet auteur en devenir, des concepts qui seront confirmés par ses expériences ultérieures (la Birmanie colonisée par les Anglais, la guerre d'Espagne trahie par les communistes, les horreurs de la guerre de 39-45). St Cyprian fut, sans aucun doute, le germe qui permit à George Orwell, à quarante ans passés, d'écrire, durant les dernières années de sa trop courte vie – il est mort à l'âge de 46 ans – deux romans parmi les plus importants du XXème siècle : *La Ferme des animaux* et *1984*[63].

---

62 *George Orwell, une vie*, Balland, 1980

63 Publié à Londres en 1945. Champ Libre, 1981, pour la traduction française

Perec, Georges, écrivain et verbicruciste français né le 7 mars 1936 à Paris, mort le 3 mars 1982 à Ivry-sur-Seine, Val-de-Marne

Georges Perec avait une mémoire époustouflante. En attestent les 480 bribes de souvenirs de *Je me souviens*[64] listant des événements s'étant déroulés quand il avait entre 10 et 25 ans. Pourtant, alors qu'il écrivait *W ou le Souvenir d'enfance*[65], Georges Perec a soudain peur d'oublier. Dans une démarche compulsive, il se met alors, chaque soir, à consigner scrupuleusement l'ensemble des faits survenus lors de sa journée : l'heure de son réveil, son emploi du temps, ses déplacements, ses achats, le contenu de ses repas, l'avancée de son travail, ses lectures, ses rencontres.

W ou le Souvenir d'enfance est un texte double ou s'entrelace *W*, une nouvelle que Georges Perec avait écrite cinq ans auparavant sous forme de feuilleton dans *La Quinzaine littéraire* et des souvenirs d'enfance, pour la plupart déjà consignés avec plus ou moins de détails, avant qu'il ne se lance dans l'écriture de ce livre. « Et pourtant, écrire cette autobiographie était une corvée, un fardeau, une responsabilité dont il serait ravi d'être débarrassé au plus vite », commente David Bellos dans une impressionnante et émouvante biographie de huit cents pages intitulée *Georges Perec, une vie dans les mots*[66]. « De toute sa carrière d'écrivain, jamais il ne parla d'une autre aventure d'écriture de façon aussi sombre », précise cet Anglais, captivé par Perec depuis qu'il a traduit *La Vie mode d'emploi*[67]. La partie autobiographique de *W ou le Souvenir d'enfance* débute ainsi : « Je n'ai pas de souvenirs

---

64 Hachette, 1978

65 Denoël, 1975, puis Gallimard, 1993

66 Seuil, 1994

67 Hachette, 1978

d'enfance. Jusqu'à ma douzième année à peu près, mon histoire tient en quelques lignes : j'ai perdu mon père à quatre ans, ma mère à six ; j'ai passé la guerre dans diverses pensions de Villard-de-Lans. En 1945, la sœur de mon père et son mari m'adoptèrent. »

Pourquoi Georges Perec était-il à la fois obsédé par la peur de l'oubli et fasciné par ses souvenirs ? Pourquoi la démarche autobiographique, bien que devenue une de ses priorités, demeura pour lui un fardeau qu'il avait tendance à remettre à plus tard ? Il mourut sans avoir pu écrire *L'Arbre*, la biographie de sa famille paternelle alors qu'il portait ce projet depuis ses débuts d'écrivain. David Bellos fournit deux réponses qui se complètent. La première est que l'enfant Georges a dû, pendant la guerre, cacher ses origines, ne pas dire qu'il venait de Belleville, taire le fait qu'il comprenait le yiddish, ne pas prononcer le prénom de son père qui s'appelait Izie. « Certainement lui demande-t-on de rayer tous les souvenirs de son passé, lui dira-t-on que c'est une nouvelle vie qui commence pour lui, que son nom est breton, qu'il est français, et qu'il ne doit jamais, absolument jamais, ne serait-ce que penser à ce qu'il a laissé derrière lui. » Pour survivre, le petit Jojo a dû tout oublier de ce qu'il était avant-guerre. La seconde raison, David Bellos va la chercher dans l'origine de l'autisme infantile au travers du livre *La Forteresse vide*[68] de Bruno Bettelheim (psychanalyste qui fut prisonnier à Dachau et à Buchenwald) : « Sa thèse, dans ce livre, est que le comportement autiste est le plus souvent une défense contre un chagrin tellement fort qu'il ne trouve pas d'autre moyen d'expression et il y parle également avec beaucoup de sensibilité de la situation très particulière des orphelins de la Shoah. Ces enfants ne purent en effet jamais pleurer vraiment la mort de leurs parents, car, le temps que celle-ci soit établie en tant que "fait", elle remontait déjà à plusieurs années. Or un deuil qui n'a pas de commencement ne peut avoir de fin. Et les enfants privés de la mort de leur père ou de leur mère se retirent souvent dans la "forteresse vide" de leur cœur, qui est vide de

---

[68] Gallimard, 1969

vrais souvenirs mais renferme une culpabilité infinie. » Le père de Georges Perec était mort à la guerre mais on ne le dit jamais clairement au petit Jojo ; sa mère fut déportée en février 1943. Son acte de disparition, délivré par l'administration française, date de 1947.

Dans *W ou le Souvenir d'enfance,* Georges Perec reproduit le début de la biographie de son père et de sa mère, texte qu'il avait commencé à écrire quinze ans plus tôt, à l'âge de 19 ans. Il y rapporte en particulier la première fois où il se rendit sur la tombe de son père. Bien que polonais, ce dernier s'était engagé dans la Légion étrangère dès les premières heures du conflit entre la France et l'Allemagne et était mort au combat, en juin 1940, touché par un éclat d'obus. « J'allai une fois sur ce que l'on peut appeler la tombe de mon père. C'était un premier novembre. Il y avait de la boue partout. » Quinze ans plus tard, il compléta cette trop brève description : « La découverte de la tombe de mon père, des mots PEREC ICEK JUDKO suivis d'un numéro matricule, inscrits au pochoir sur la croix de bois, encore tout à fait lisibles, m'a causé une sensation difficile à décrire : l'impression la plus tenace était celle d'une scène que j'étais en train de jouer, de me jouer : quinze ans plus tard, le fils vient se recueillir sur la tombe de son père ; mais il y avait, sous le jeu, d'autres choses : l'étonnement de voir mon nom sur une tombe (car l'une des particularités de mon nom a longtemps été d'être unique : dans ma famille personne d'autre ne s'appelle Perec), le sentiment ennuyeux d'accomplir quelque chose qu'il m'avait toujours fallu accomplir, qu'il m'aurait été impossible de ne jamais accomplir, mais dont je ne saurais jamais pourquoi je l'accomplissais, l'envie de dire quelque chose, ou de penser quelque chose, un balancement confus entre une émotion incoercible à la limite du balbutiement et une indifférence à la limite du délibéré, et, en dessous, quelque chose comme une sérénité secrète liée à l'ancrage dans l'espace, à l'encrage sur la croix, de cette mort qui cessait enfin d'être abstraite (ton père est mort, ou, à l'école, quand à la rentrée d'octobre on remplissait les petites fiches pour les professeurs qui ne vous connaissaient pas : profession du père : décédé), comme si la découverte de ce minuscule espace de terre clôturait enfin cette mort que je n'avais jamais apprise, jamais éprouvée, jamais connue ni reconnue, mais qu'il m'avait fallu, pendant des années et des années, déduire hypocritement des chuchotis apitoyés et des baisers soupirants des dames. »

La visite sur la tombe du père correspond à l'âge où Georges Perec décide de devenir écrivain. Comme si ce minuscule espace de terre qu'était la tombe de son père lui permettait de renouer, enfin, les fils brisés le rattachant à son enfance et à ses parents. Peu importe que ce rattachement n'existe qu'au travers de bribes de souvenirs épars… L'écrivain Perec saura s'en accommoder et il inventera bien d'autres contraintes pour stimuler son écriture. Dès lors, les mots occuperont tout l'espace de sa trop courte vie – il meurt à 46 ans. « J'écris parce que nous avons vécu ensemble, parce que j'ai été un parmi eux, ombre au milieu de leurs ombres, corps près de leur corps ; j'écris parce qu'ils ont laissé en moi leur marque indélébile et que la trace en est l'écriture : leur souvenir est mort à l'écriture ; l'écriture est le souvenir de leur mort et l'affirmation de ma vie », peut-on lire dans *W ou le Souvenir d'enfance*, livre qu'il dédicace de façon énigmatique : « Pour E ». A sa cousine-sœur l'interrogeant sur le sens de cette dédicace, Georges Perec expliqua : « A mes parents… Pour eux. Pour E ». Quelques années auparavant, Georges Perec avait écrit *La disparition*[69] livre dont le texte ne comporte aucun e. Y parlait-il déjà, sans l'écrire, de ses parents disparus ?

---

[69] Denoël, 1969

Quint, Michel, écrivain français, né le 17 novembre 1949 à Leforest, Pas-de-Calais

Le petit Michel déteste les clowns. « Plus que l'huile de foie de morue, les bises des vieilles parentes moustachues et le calcul mental. » Il les fuit comme la peste. Les évite coûte que coûte. A se cacher derrière plus grand que lui pour ne pas les voir. A tomber malade à la simple vue d'un nez rouge. A en avoir les guibolles flageolantes de peur. A en faire pipi dans sa culotte. « Bien sûr, les manuels de psychanalyse vulgarisés ne sont pas faits pour les chiens et j'ai depuis longtemps identifié les causes d'une telle névrose », précise Michel Quint dès les premières pages d'un tout petit livre intitulé *Effroyables Jardins*[70].

C'est que, voyez-vous, le père de Michel Quint, instituteur de son état, ne ratait jamais une occasion de s'exhiber en clown, toujours prêt à courir les fêtes de Noël, les noces et banquets et les agapes des comités d'entreprises, desquels il revenait « bourré de reconnaissance liquide et satisfait d'être ivre par devoir. Et moi, j'avais honte de lui, je le reniais, l'ignorais, je l'aurais donné au premier orphelin si j'avais pensé qu'un seul eût pu l'accepter. Je haïssais ma mère de le mettre au lit, de lui essuyer le front en lui murmurant des tendresses ». Cela se passait à la fin des années cinquante, au début des années soixante, dans le nord de la France. Et le calvaire de l'enfant dura une dizaine d'années... Jusqu'à ce que Gaston, le cousin du père, délivre Michel Quint de cette malédiction. « Mon entrée dans les secrets des grands s'est donc faite au bar du cinéma où l'on projetait *Le Pont*. » Michel ne se souvient plus très bien de quel cinéma il s'agissait, s'il se situait à Roubaix ou à Tourcoing. Par contre, il se rappelle parfaitement l'épisode qui suivit la fin

[70] Joelle Losfeld – 2000. Folio 2002

de la projection. Direction le bar, passage obligé de l'après-film. « Gaston et mon père ont échangé un regard et Gaston m'a arrêté, un peu plus loin que les pompes à bière. Deux tabourets ronds, une limonade, une pression. Gaston a soupiré fort. Un tel cérémonial, j'ai compris qu'il en avait gros à me dire et que c'était préparé, ordonné. Le Gaston était en service commandé. » Le père de Michel s'est affalé au bout du comptoir et a commandé un demi qu'il n'a pas touché tant que Gaston n'eut pas achevé d'expliciter à Michel le pourquoi du comment de cette étrange vocation de son père à faire le clown, en lui dévoilant un épisode tragi-comique de la seconde guerre mondiale. « Le cousin Gaston parlait patois. Un patois que je comprenais parfaitement mais quand il m'a raconté, là, sur ce formica tout fendillé, le pourquoi des fêlures de mon père, il s'est appliqué. »

L'histoire d'*Effroyables Jardins* semble des plus improbables, mais ne dit-on pas que la vérité dépasse la fiction ? Cependant, le film *Le Pont,* de Bernhard Wicki existe bel et bien. Il fut tourné en Allemagne en 1959. Son réalisateur porte le même nom que celui à qui Michel Quint a dédicacé *Effroyables jardins*, avant celui du père de l'auteur, ancien résistant, et du grand-père, ancien combattant à Verdun.

Aimer à peine[71], que Michel Quint définit comme un roman, est la suite d'*Effroyables Jardins*. L'histoire se noue en quelques secondes, dans un petit cimetière du Pas-de-Calais où l'on enterre le père de l'auteur. *Aimer à peine* se lit d'une traite, comme on boit une bière fraîche, un jour d'été, assis à la terrasse d'un café. Cette fois-ci, c'est directement à son père que s'adresse Michel Quint. Tant pis pour le lecteur, obligé de lire le livre par-dessus l'épaule du père de l'auteur. « En faisant le pitre, tu rendais hommage au soldat qui vous gardait pendant que vous attendiez la mort. Cet Allemand, Bernd Wicki, avait partagé ses rations avec vous, avait fait le clown, ce qu'il était avant la guerre (...) Aujourd'hui, alors qu'on te porte en terre, papa, j'ai encore dans ma poche le ticket du cinéma de ce

[71] Joelle Losfeld – 2001

dimanche-là, déchiré par l'ouvreuse du cinéma Tramway, pieusement conservé... » Dans ce second livre, Michel Quint rend hommage à son père, comme celui-ci avait, sa vie durant, rendu hommage à Bernd Wicki, le clown soldat qui l'avait sauvé du trépas.

Rémond, Alain, chroniqueur français, né en 1946 à Mortain, Manche

Dans *Tout ce qui reste de nos vies*[72], Alain Rémond poursuit sa route, engagée quatorze années plus tôt, avec *Chaque jour est un adieu*[73]. Une réflexion sur la mémoire et l'oubli. Sur le temps qui efface les traces de nos vies et gomme les souvenirs. Sur l'enfance heureuse et malheureuse. Sur les blessures de l'enfance et la façon de les soigner qui trop souvent forme une carapace épaisse et protectrice finissant par nous cadenasser à l'intérieur de nous-mêmes et nous empêche de vivre.

L'écriture a à voir avec le souffle. On écrit comme on respire. Certains le font amplement au travers d'interminables phrases qui se succèdent dans d'épais volumes. Alain Rémond, non. Ses phrases sont coupées menues ; ses livres de cent pages sont publiés au rythme d'un tous les trois ou quatre ans. Comme s'il lui fallait économiser l'air. Ou plutôt comme s'il devait retenir son souffle, se faire discret, presque invisible. Comme cela se passait, dans son enfance, le soir venu, en attendant le retour à la maison du père, avant que la guerre à nouveau n'éclatât entre ses parents. C'est pour (d)écrire cette guerre-là, « au tournant exact où le récit du bonheur basculerait dans celui du malheur », qu'il s'était jeté corps et âme dans *Chaque jour est un adieu.* « Je ne sais pas ce qui s'est passé, entre mes parents, je ne le saurai jamais. Je ne suis pas capable d'expliquer. Je n'en ai pas envie. Je n'ai pas voulu savoir qui avait tort, qui avait raison. Mon père buvait-il parce qu'il n'y avait plus d'amour entre eux ? Ou l'amour était-il mort parce qu'il buvait ? Un enfant ne peut pas poser ces questions-là. Ce que je voyais, ce que je vivais, c'était ce mur de haine entre eux,

[72] Éditions du Seuil – 2013
[73] Éditions du Seuil – 2000

ce gouffre où nous allions tous nous perdre. Tous les soirs quand mon père rentrait, c'était la guerre qui reprenait. »

Alain Rémond écrit toujours le même livre, le livre de la guerre pendant son enfance. Son phrasé revient souvent sur les mêmes mots, les mêmes expressions, qu'il répète à l'envi comme on chante une comptine. Comme s'il avançait par boucles successives. Comme s'il devait inlassablement remonter la même butte, y faisant rouler sa lourde pierre. Comme s'il devait indéfiniment labourer les mêmes sillons du même champ derrière la maison familiale de Normandie, dans l'espoir qu'un jour puisse y pousser un blé tendre et nourrissant, là où, entre juin et août 1944, la terre n'était plus que ruines et désolation. Un territoire pris en tenaille entre l'arrivée des premiers parachutistes américains et la terrible contre-attaque allemande des SS de la division Das Reich remontant d'Oradour. Mortain – c'est le nom du village où vivait la famille Rémond – est situé à quelques encablures des plages du débarquement. Les bombardements, la mère blessée, la petite sœur dans son landau sous un arbre qui manque se faire tuer par une branche coupée net par un éclat de bombe. Les Américains frappant à la porte de la maison et demandant que toute la famille parte le plus vite possible car, disent-ils, ils vont tout raser, pierre par pierre. « Et mes parents s'en vont, sur le champ, avec leurs six enfants, à pied, sur les routes de Normandie, poussant le landau, pour tenter de rejoindre la Bretagne. Mortain, c'est l'enfer. Mais sur la route, partout c'est la guerre. » Ainsi commence la légende familiale chez les Rémond. Ainsi commence *Chaque jour est un adieu* qu'écrit Alain Rémond pour tenter de se réconcilier avec cet inconnu qu'était son père.

Ses livres suivants viendront préciser et redéfinir le rôle et la fonction de ce premier récit. *Un jeune homme est passé*[74] commence par la lecture des lettres que le père d'Alain Rémond avait écrites à sa famille alors qu'il effectuait son service militaire au Maroc en 1930. Ces dizaines de lettres qu'une sœur d'Alain venait de lui confier juste après les avoir découvertes et

---

[74] Éditions du Seuil - 2002

dans lesquelles il ira à la rencontre du jeune homme qui deviendra son père : « Je vais apprendre à connaître celui qui ne m'a presque rien dit de lui. Je vais lire les lettres de celui qui ne m'a jamais écrit une seule lettre. Tout ce courrier d'un coup, alors que je viens, moi, de lui écrire une longue lettre, ce livre où je lui dis que je ne sais rien de lui. Et qu'il m'a tellement manqué. » Dans *Je marche au bras du temps*[75], Alain Rémond revient sur le difficile exercice d'écriture que fut *Chaque jour est un adieu* : « Je ne me sentais pas le droit de mettre sur la place publique l'histoire de ma famille. Ou bien je ne m'en sentais pas le courage. Ou les deux. » Malgré tout, un soir, il écrit les premiers chapitres du livre : « J'avais trouvé les mots. Ou plutôt ils m'avaient trouvé. Ils m'avaient été donnés. Ils étaient là, sur la feuille de papier. Ces quelques mots qui me libéraient, qui me faisaient me rencontrer, enfin. Ils levaient le barrage. Ils ouvraient la porte. J'avais trouvé ma voix. Et, bien sûr, j'avais cinquante-trois ans. L'âge de mon père à sa mort. » Et il précise dans *Tout ce qui reste de nos vies*[76]: « C'est d'avoir écrit ces phrases, et toutes les pages qui parlent de mon père, qui m'a permis de faire la paix avec lui, d'être en paix avec lui, d'avoir enfin la certitude qu'il m'aimait. Et de pouvoir lui dire que je l'aimais. » Il n'est jamais trop tard pour se réconcilier avec les siens, même s'ils sont morts. Il n'est jamais trop tard pour se réconcilier avec celui que l'on a été, même si on l'a perdu de vue depuis longtemps. Tel est le fabuleux message que nous délivre Alain Rémond tout au long de son œuvre.

Dans *Comme une chanson dans la nuit*[77] Alain Rémond revient sur la question de l'origine de son écriture : « Comment voulez-vous que je croie au hasard après ce que je viens de découvrir à propos de J.D. Salinger ? La pièce manquante est là, sur ma table. Et l'ayant découverte, je suis stupéfait. J'ai la tête qui tourne. Le puzzle s'emboîte trop bien. Quelque chose se passe que je ne maîtrise pas, qui me donne le vertige. » Alain Rémond est depuis toujours un fan de l'écrivain américain J.D.

---

75 Éditions du Seuil - 2006
76 Éditions du Seuil - 2013
77 Éditions du Seuil - 2003

Salinger. Il a lu un nombre incalculable de fois tous ses livres, qui racontent tous des histoires de famille, de relations entre frères et sœurs. Salinger a également publié un recueil de nouvelles, son genre littéraire de prédilection. Dans ce recueil, il en est une qui tranche sur les autres, elle s'appelle *Pour Esmé, avec amour et abjection*[78]. Salinger y rend compte de son expérience de la guerre en Europe, du débarquement sur les côtes de Normandie jusqu'à son entrée dans les camps de la mort. « Cette nouvelle est comme un diamant noir au cœur du recueil, la seule où Salinger parle en son nom propre. On a le sentiment, en la lisant, de toucher au plus intime de son expérience d'homme, ce qui a déterminé tout le reste, sa vie, son écriture, sa vision du monde. Ce qui en fait toute la force, c'est que l'essentiel n'est pas dit. L'essentiel est entre parenthèses. En points de suspension. C'est au lecteur de l'imaginer. » Alain Rémond a lu *L'attrape-rêves*[79], le livre que la fille de Salinger a consacré à son père. Dans ce livre, il a appris ce qu'avait fait l'adjudant Salinger entre le 6 juin 44 et le 8 mai 45. Débarquement à Utah Beach, avec la première vague. Bataille de Normandie. Bataille des Ardennes. Et puis l'Allemagne jusqu'aux camps de la mort. L'épisode le plus dur de cette guerre, où il a frôlé la mort, où il a vécu dans sa chair le pire de la guerre, écrit sa fille Margaret, ce fut sans doute la bataille de Mortain. « En quatre jours et demi de combats sanglants à Mortain, le 12ème régiment d'infanterie de la 4ème division subit 1150 pertes (…) Les rares survivants n'en sortiront pas indemnes, ni au physique ni au moral. » Voilà ce que lit, abasourdi, Alain Rémond dans la biographie de Salinger écrite par sa fille. « Je lis ces lignes, je suis pétrifié. Je suis obligé de les relire. Mortain. Salinger à Mortain. La nouvelle la plus intense de Salinger, celle par laquelle j'ai toujours été aimanté, trouve sans doute sa source dans la bataille de Mortain. Mortain où vivait ma famille. Salinger était là, dans la forêt ; juste derrière la petite maison où se tenait ma famille, coincée entre les lignes (…) Tout se bouscule dans ma tête, l'enfer de Mortain, l'enfer du manque d'amour, à la maison, entre mes

---

78 Dans *Nouvelles,* Robert Laffont, 1961

79 Margaret Salinger, Éditions NiL – 2010

parents. Salinger, que je lis depuis toujours qui vit l'enfer de Mortain, qui écrit sur le mystère de la famille, sur l'amour et le manque d'amour (…) Comment voulez-vous que je croie au hasard ? »

Simenon, Georges, écrivain belge francophone né à Liège (Belgique) le 13 février 1903 et mort à Lausanne (Suisse) le 4 septembre 1989

« On entre chez le médecin, sans se douter qu'on en ressortira une heure plus tard différent... » C'est très exactement ce qui est arrivé à Georges qui, s'étant réveillé avec un terrible mal aux côtes, s'en est allé consulter. Lui ayant fait passer une radioscopie, le médecin déclare que Georges a un cœur de vieillard – celui-ci est alors âgé de trente-sept ans – et il ne lui donne guère que deux années à vivre. Sans boire ni fumer, sans faire d'effort, ni faire l'amour ! Sur le chemin du retour, anéanti, Georges songe à son père, mort à quarante ans d'une angine de poitrine chronique, convaincu désormais qu'il va suivre la même destinée. Puis il pense à son fils qui n'a que dix-huit mois : « Et toi, fils, tu ne connaîtras jamais la jeunesse de ton père, tu ne sauras rien, plus tard, de tes grands-parents de Liège, de tes tantes, de tes oncles et de tes cousins et cousines... Chemin faisant, un projet, encore vague, germait. Les chiens, les chevaux, les taureaux eux-mêmes ont un pedigree... Et toi, tu ne connaîtrais le tien que du côté de ta mère.[80] »

C'est dans ce contexte que vont prendre naissance deux livres majeurs de Georges Simenon, écrits entre 1940 et 1945. *Je me souviens*[81], court récit autobiographique rédigé à la première personne sous la forme d'une lettre à son fils, et *Pedigree*[82], retraçant la même histoire en un épais roman de près de six cents pages. Simenon a fait lire le manuscrit de *Je me souviens* à André Gide qui lui a suggéré d'en faire un récit à la troisième personne afin de lui donner plus de vie. Dans

---

80 Georges Simenon, *Mémoires intimes* – 1981, Presses de la Cité – Le livre de poche

81 Presses de la Cité, 1945 – Le livre de poche

82 Presses de la Cité, 1948 – Le livre de poche

Pedigree, Georges Simenon y apparaît sous les traits d'un personnage nommé Roger Mamelin que l'on suit de sa naissance jusqu'à sa seizième année. Lorsque le médecin énonce ce diagnostic – qui s'avérera vite erroné – Simenon a déjà un long parcours d'écrivain à succès. Il a publié plus de 230 romans sous son nom et sous divers pseudonymes. Il rêve de se dégager de livres qu'il considère comme alimentaires pour se vouer exclusivement à une œuvre à laquelle il pense depuis longtemps : « grande par sa longueur en tous cas (…) La chanson de geste des petites gens, de ceux qui font ce qu'on leur dit sans savoir où ils vont et qui essayent quand même d'aller quelque part et qui s'obstinent toujours, montent et descendent, se raccrochent, désespèrent, espèrent à nouveau », écrit-il dans une lettre à son éditeur Gaston Gallimard[83]. La multitude de procès qui suivra la publication de ces deux livres le dissuadera de prolonger l'expérience d'une écriture trop ouvertement autobiographique, dans laquelle tout un chacun peut se reconnaître sous un jour parfois peu flatteur. La force et la singularité de *Je me souviens* résident dans le fait que Simenon se croit au seuil de la mort. Il s'est réfugié en Vendée avec sa femme et son jeune fils depuis le début de la guerre 39-45. Pour la première fois, il ne s'agit pas de tricher, d'édulcorer ou de transformer, en un mot de romancer, mais de transmettre à son fils la vérité sur sa famille. Qu'importe la vérité vraie, Simenon écrit Sa vérité, les souvenirs qu'il a conservés de sa jeunesse, ses ressentis d'enfant. Un épisode frappe particulièrement par sa rudesse. Georges a cinq ou six ans lorsque sa mère l'entraîne en urgence chez sa tante Félicie, mariée à un tenancier de bistrot qui la maltraite. Félicie est la douzième enfant de la famille, la mère de Simenon la treizième. Les deux sœurs s'entendent bien... Les volets du café sont fermés. « On s'embrasse, on chuchote et on pleure. On m'oublie et je suis perdu, tout petit, dans ce monde de cauchemar où je ne sais pas ce qui se passe. (…) Un bruit de roues dans la rue. Un cheval, un fiacre qui s'arrête. (…) Un homme se détache d'un groupe. C'est le docteur, accompagné de deux solides gaillards. Ils montent l'escalier dans un silence impressionnant. Tout le monde est

83 cité par Pierre Assouline dans *Simenon*, 1996 – Gallimard – Folio

dans la pénombre, transformé en statue, quand, dans une des chambres, des cris de bête éclatent, un vacarme, des meubles renversés, des coups, la rumeur d'une bagarre. La bagarre se rapproche, envahit l'escalier et on se colle contre les murs, on s'abrite dans l'encadrement des portes tandis que les deux infirmiers emportent un corps qui se débat, une forme blanche qui hurle. Félicie, à trente ans, est devenue folle. C'est elle qu'on emmène. (...) On m'a oublié quelque part dans un corridor jaunâtre et soudain, tout près de moi, éclate un bruit que je n'oublierai pas. Un homme que je n'ai jamais vu s'est frappé la tête contre le mur, l'a enfouie dans ses mains et c'est un sanglot qui a jailli brusquement d'une énorme poitrine. (...) On me retrouve et on espère que je n'ai pas compris. (...) Félicie est morte trois jours plus tard, d'une crise de delirium tremens à l'asile d'aliénés où on l'a conduite.[84] »

Cet épisode, d'une violence extrême pour un adulte, comment un enfant de cinq ans, abandonné et laissé à lui-même au cœur même de la tourmente, peut-il le comprendre et le supporter ? D'autant que sa mère lui fait régulièrement le chantage que s'il n'est pas gentil, on viendra la chercher pour la conduire à l'hôpital. D'autant qu'elle lui interdit durablement de parler de ce qui s'est passé. Cet épisode peut être considéré comme fondateur de ce que sera son œuvre. Comme si tous les livres de Simenon – que ce soient ses *romans durs,* traitant de solitude et d'incommunicabilité, ou ses romans policiers, dont les héros ordinaires sont confrontés à un événement venant bouleverser le destin – n'étaient qu'une perpétuelle réécriture de cet événement traumatique vécu dans la plus grande solitude par l'enfant Georges.

---

84 *Je me souviens* p. 102-103

Tuszyńska, Agata, femme de lettres polonaise, née le 25 mai 1957 à Varsovie

De son enfance polonaise dans les années soixante, Agata Tuszyńska se souvient vaguement de son père à la maison. Mais elle n'a aucun souvenir de ses parents ensemble. Sans doute furent-ils chacun occupés par un travail prenant – tous deux étaient journalistes. Davantage encore parce qu'ils se séparèrent lorsqu' Agata n'avait que sept ans. Longtemps elle prépara les savates de son père dans l'entrée, persuadée qu'il allait revenir, comme après ses nombreux déplacements professionnels à l'étranger pour couvrir des manifestations sportives. Elle se souvient accompagner Bogdan, son père, dans les bâtiments de la radio. Elle se rappelle les bandes magnétiques qu'il fallait couper et coller avec de petits morceaux d'adhésif sur une table de montage. « Il m'a montré l'art du montage peut-être même avant que je sache lire ou écrire. » Halina, sa mère, journaliste de presse écrite, emmenait Agata dans le grand hall de son entreprise où de grosses machines imprimaient les journaux dans un énorme vacarme. « Je savais en quoi consiste un journal bien avant de pouvoir écrire », précise-t-elle. Pas étonnant dans ces conditions qu'une fois adulte, elle devienne elle-même journaliste... mais aussi romancière, femme de théâtre, poète et biographe.

C'est pourtant à l'âge adulte que se dessine pour la première fois le contour de ce sur quoi Agata Tuszyńska va écrire. Lorsque sa mère lui apprit un secret jusqu'alors bien gardé. « Depuis l'instant où j'ai appris que je n'étais pas celle que je croyais être. Depuis ce moment où ma mère s'est résolue à me dire qu'elle était juive. J'avais dix-neuf ans, mais je n'ai pas réalisé sur-le-champ la signification de ces paroles. Ni leur conséquence. Il s'est écoulé au moins dix ans avant que je commence à me familiariser avec cette idée, et quelques années encore avant que je parvienne à en faire quelque chose. J'ai grandi dans une famille polonaise. J'ai longtemps vécu dans un dédoublement schizophrène, ne sachant mettre au jour cette vérité que j'estimais épouvantable. »

Une histoire familiale de la peur[85] rend compte de cette quête d'un passé disparu, pour lequel il est parfois difficile de retrouver des traces. Agata Tuszyńska s'attache tour à tour aux nombreux membres de sa famille, part à leur recherche et tente de reconstituer des épisodes décisifs de leurs vies, romançant les pans disparus, s'identifiant parfois aux victimes, ne pouvant s'empêcher d'imaginer ce que furent la honte et la terreur d'Halina, sa mère. Pour se cacher d'une perquisition nazie, celle-ci fut enfermée à neuf ans dans un panier à linge sale en même temps que trois autres enfants plus jeunes qu'elle et dont elle se sentait responsable : « on n'aura pas peur », déclara-t-elle, « on n'étouffera pas ». Ravivant l'humiliation et la peur de sa grand-mère, de son grand-père, de ses tantes. De toute la branche maternelle d'origine juive qui, pour la plupart, n'a pu réchapper à la guerre, aux ghettos et aux camps, à l'inverse de la branche paternelle, polonaise et catholique, qui survécut entièrement.

Lorsqu'enfin la guerre s'achève, que quatre-vingt-dix-huit pour cent des Juifs de Varsovie ont péri, Halina retrouve son père, qui a passé cinq années interné dans un camp. Elle ne le reconnaît pas. Jamais elle ne lui demandera ce qu'est devenue sa mère, le devinant au travers de conversations échangées entre adultes. « Jamais plus elle n'osa y revenir. Il fallait vivre. Il fallait se protéger. Et les protéger, eux, les parents, ceux qui avaient réussi à en réchapper pour eux.» Voilà pourquoi Halina conserve après-guerre ses papiers aryens et continue à se faire passer pour catholique et polonaise. Y compris avec sa fille. « Elle voulait à tout prix m'épargner la peur et l'humiliation qu'elle avait connues. Elle voulait me protéger du monde polonais qui – estimait-elle – n'était pas exempt de menaces. Elle me dissimulait la vérité, me privant de ma véritable identité au nom de l'amour et de ma sécurité. » L'oubli comme dernier

[85] Publié en 2005 en Pologne, et chez Grasset en 2006

rempart à la peur. L'oubli pour se protéger de la souffrance, pour ne pas la ranimer. L'oubli comme une sécurité au cas où le danger reviendrait balayer les terres polonaises, toujours promptes à s'enflammer. Telle est la condition de ces familles juives rescapées de la Shoah et qui n'ont pas quitté le pays.

« Nous sommes une mémoire. Nous sommes ce dont nous nous souvenons. Et ce dont se souviennent les autres nous concernant. Je pense de plus en plus souvent que nous sommes davantage encore l'oubli. Ce que nous oublions. Ce que, dans un geste d'autodéfense, nous rayons de notre mémoire, nous chassons de notre conscient, nous esquivons dans nos pensées. Ce que nous invalidons pour que ce soit plus facile ou plus léger, pour ne pas souffrir ou ne pas raviver la souffrance. Je ne me rappelle pas quand ma mère m'a dit qu'elle était juive. Je ne me rappelle ni le jour, ni la saison, ni le lieu, à table ou devant la fenêtre, ni le ton de sa voix, ni la teneur de ses paroles. Je n'ai pas le souvenir d'une telle conversation. Je ne me souviens de rien. » Il fallut quatre années à Agata Tuszyńska pour écrire ce livre. Un lent cheminement, déterminé, qui permit à l'auteure de s'approprier un pan méconnu de son histoire et de pouvoir, enfin, vivre son double héritage : le polonais et le juif. « Tous deux me font ce que je suis. Même s'ils s'opposent et s'accusent l'un l'autre. J'appartiens aux deux. Et que cela reste ainsi », écrit-elle en guise de conclusion. *Une histoire familiale de la peur* est un témoignage dédié à ses parents : la Juive qui se cache et le Polonais aux blagues antisémites. Réunis par-dessus les guerres, mondiale et conjugale.

Udall, Brady, romancier américain né en 1971 à Saint Johns, Arizona

Brady Udall écrit tous les dix ans un roman qui devient un best-seller international avant de retourner à l'anonymat... Après un recueil de nouvelles[86], Udall publie en 2001 un premier roman, *Le Destin miraculeux d'Edgar Mint*[87], qui le propulse au rang des meilleurs auteurs de sa génération. Les critiques comparent son œuvre à celle de Dickens ou d'Irving et son style à celui de Raymond Carver. En 2010 sort *Le polygame solitaire*[88]. Ces deux gros romans (respectivement 540 et 740 pages) ont tous deux pour thème la famille. Son manque, pour Edgar Mint, orphelin de père à la naissance, puis de mère dès sa prime enfance. Son excès, pour Golden Richards, brave mormon polygame, marié quatre fois et père de nombreux enfants. Gageons que si Brady Udall a dédié son premier roman à ses parents « qui m'ont tout donné », et le second, à ses huit frères et sœurs, c'est qu'en matière de famille nombreuse mormone, il n'a de leçon à recevoir de personne...

« Pour le dire le plus simplement possible, c'est l'histoire d'un polygame qui a une liaison. Mais, bien sûr, c'est beaucoup plus compliqué. La vie d'un polygame, même dépourvue de mensonges, de secrets et d'infidélités, est tout sauf simple. » Ainsi débute *Le polygame solitaire*, roman à rebondissements multiples, prouvant d'entrée que Brady Udall possède un sens aigu de la synthèse : son résumé en cinq lignes inspire le respect. Même si l'on se rend vite compte que l'auteur – à l'image de ses personnages – ment comme il respire et laisse (provisoirement) dans l'ombre des vérités pas toujours bonnes à

[86] *Lâchons les chiens*, Albin Michel, 1998
[87] Albin Michel, 2001
[88] Albin Michel, 2011

dire. Celles-ci finiront par éclater à la face des personnages (parfois au sens propre du terme) et à la figure du lecteur, telle une explosion thermonucléaire, provoquant une série de réactions en chaîne sur lesquelles plus personne ne semble avoir prise. Surtout pas le brave papa Goldy !

Passer sans transition de l'humour le plus caustique au drame le plus sombre... et vice-versa, ainsi va l'écriture chez Brady Udall, qui délivre ses chapitres à la vitesse d'un livreur de pizzas. Est-ce parce que la vie est trop courte pour l'habiller triste ? Ou parce que, chez cet auteur, l'oubli serait inenvisageable ? « Rien n'est vague. Rien n'est flou. Je me rappelle tout : chaque nom, chaque regard, chaque fraction de seconde de chaque instant. Ce que je crains le plus, c'est oublier, si bien que je thésaurise, j'emmagasine avec obsession – tout a un sens et je ne jette rien », fait-il dire au petit Edgar, dont la tête a été écrasée par la jeep du facteur alors qu'il avait sept ans. Et semblable à Edgar à qui l'on a offert une vieille machine à écrire Hermès Jubilé 2000 parce que sa main est devenue incapable de former des lettres, Brady Udall tape comme un cinglé des histoires à dormir debout qui tiennent jusqu'au bout en haleine. Et si son écriture ressemble à une prière mormone c'est que, par le geste, elle s'en approche : « je m'installais devant mon Hermès Jubilé posée sur le couvercle de ma malle et tapais autant que je le pouvais. J'aimais bien être agenouillé ainsi devant ma malle : le tapis était confortable, mes genoux ne me faisaient pas mal, et que je tape une lettre pour Art, pour Cecil ou pour Dieu Lui-même, j'avais toujours l'impression de prier. »

Dans *Le polygame solitaire*, un autre enfant, Rusty, cinquième fils de la troisième mère, s'interroge : « Est-ce si formidablement formidable, d'être coincé pour l'éternité avec une bande de trouducs qu'on n'aime même pas ? Est-ce si formidablement formidable d'avoir à faire la queue pour parler à sa mère ? » Les enfants les plus sensibles finissent toujours par devenir les boucs émissaires du reste de la famille, quand il y en a une, ou victime de la loi de la jungle, quand il n'y en a pas. « Quelle que soit la façon dont on considérait les choses, il n'y avait pas de place dans ce genre d'existence pour des garçons comme Rusty, des garçons incapables de dire et de faire ce qui convenait, des garçons incapables de dépasser les pulsions et les colères de leur âge, des garçons qui vivaient trop dans leur monde intérieur. Seuls pouvaient s'adapter ceux qui, fidèles à leurs convictions et disciplinés, obéissaient sans discuter, ceux qui parvenaient à croire que leurs souffrances et leurs incertitudes attendaient encore de leur être révélées. »

Alors, quelle chance pour que la famille soit la chose la plus merveilleuse au monde ? Selon Brady Udall, que l'on en manque (*versus* Edgar Mint) ou qu'elle soit en excès (*versus* Golden Richards), la réponse demeure la même. Proche de la définition qu'en donne un des personnages d'une nouvelle[89] de *Lâchons les chiens* : « Pour ce que j'en sais, notre famille n'est rien de plus que des gens qui vivent sous le même toit et qui sont tous déçus les uns par les autres. »

[89] *Buckeye le Mormon*

Vigan (de), Delphine, romancière et réalisatrice française née le 1er mars 1966 à Boulogne-Billancourt, Hauts-de-Seine

Delphine de Vigan relate dans *Rien ne s'oppose à la nuit*[90] la vie de sa mère Lucile : « Lucile nous a très peu parlé de son enfance. Ce qui me manque au fond c'est son point de vue à elle, les mots qu'elle eut choisis, l'ordre d'importance qu'elle eut attribué aux faits, les détails qui lui eussent appartenu. » Seuls demeurent mobilisables paroles de proches, documents familiaux, photographies. Tout ce matériau brut assemblé pour chercher des indices permettant de faire sortir de l'ombre des pans inconnus de la vie de la personne sur laquelle elle enquête. Avec le souci impérieux et permanent de coller à la réalité, de tenter d'approcher au plus près cet être qui, sans cesse, s'esquive. Bien vite, Delphine de Vigan mesure que nulle vérité ne se dégagera de cette étrange matière rassemblée : « Je n'avais que des morceaux épars et le fait même de les ordonner constituait déjà une fiction. »

En remontant jusqu'à l'enfance de sa mère Lucile, Delphine de Vigan consigne la vie d'une famille nombreuse dans un village de l'Yonne de l'après-guerre 39-45. Une famille foutraque et bruyante, loufoque et spectaculaire… Georges, le père de Lucile, a créé une agence de communication, puis après le dépôt de bilan de celle-ci, une seconde. Il rentre tard à la maison, voit ses enfants entre deux portes, un baiser avant d'aller se coucher, un petit déjeuner à la va-vite, des vacances quand le budget le permet. Liane est une mère facétieuse (elle fera le grand écart en justaucorps le jour de ses soixante-dix ans), inventive (elle fabrique elle-même les vêtements colorés

[90] Éditions Jean-Claude Lattès 2011 – Le livre de poche 2013

qu'elle porte en toutes saisons), l'œil brillant et le rire chantant. Les enfants, rapidement nombreux (elle en voulait douze… et en eut neuf, dont les cinq premiers en six ans), s'élèvent les uns les autres. Lucile est la troisième enfant du couple, celle sur laquelle le père posera durablement un regard admiratif (c'était une très belle jeune fille qui posait pour des publicités).

Mais, derrière le mythe de la famille bobo avant l'heure, se cachent des douleurs, des malheurs, peut-être même davantage. Quand Lucile a huit ans, un de ses frères meurt accidentellement en tombant dans un puits. « La possibilité de la mort (ou plutôt la conscience que la mort pouvait surgir à n'importe quel moment) entra dans la vie de Lucile au cours de l'été 1954. Désormais, l'idée de la mort ferait partie de Lucile, une faille, ou plutôt une empreinte, indélébile. » Quelques années plus tard, un autre de ses frères décède. Un troisième se fera sauter la cervelle. A dix-huit ans, Lucile se trouve enceinte, elle est amoureuse, ses parents acceptent le mariage. Delphine naît, puis une seconde fille, Manon. Rapidement, Lucile se retrouve seule à élever ses enfants. Delphine ajoute alors ses propres souvenirs au récit de sa mère. Elle relit à cette occasion le journal intime qu'elle avait rédigé adolescente, y retrouve nombre d'événements que sa mémoire a oubliés (gommés, pour l'aider à grandir ?). Avec courage, elle replonge dans une période douloureuse de sa vie : « A mesure que j'avance, je perçois l'impact de l'écriture (et des recherches qu'elle impose), je ne peux ignorer le facteur majeur de perturbation que celle-ci représente pour moi. L'écriture me met à nu, détruit une à une mes barrières de protection, défait en silence mon propre périmètre de sécurité. » Car, la vie familiale s'avère compliquée. Face à ses filles de plus en plus inquiètes du comportement de leur mère, Lucile vit dans le silence. Ses troubles se multiplient, jusqu'à cet épisode où Delphine doit protéger sa petite sœur de la folie passagère de leur mère qui cherche à lui enfoncer des aiguilles d'acupuncture dans les yeux. Ce jour-là, Lucile est internée en hôpital psychiatrique pour une longue période ; les filles confiées à la garde de leur père. « Le 31 janvier 1980 représente pour moi une forme de rupture originelle, de celles dont la mémoire semble intacte, ancrée dans le corps, celles dont on sait qu'elles ne s'effaceront jamais tout à fait, pas plus que la douleur qui leur est attachée », écrit Delphine de Vigan. Et plus loin dans le livre : « J'écris à cause du 31 janvier 1980. » Lucile fera d'autres séjours en hôpital psy : « Enfermée à clé, elle prononçait à voix haute tout ce qui lui passait par la tête, en un flot continu qui succédait aux années de silence. » Lucile vivra des rémissions, s'engagera dans de nouveaux combats. A cinquante ans, elle suivra des études pendant trois ans et deviendra une assistante sociale compétente et dévouée. A soixante et un ans, Lucile, qui ne voulait pas prendre sa retraite, est retrouvée par Delphine suicidée au fond de son lit. Elle aura survécu deux mois au décès de sa mère Liane.

Au-delà du récit de la vie de Lucile, Delphine de Vigan décrit le chemin qu'elle a parcouru pour se réapproprier l'histoire tourmentée de sa mère, accepter l'inacceptable et parvenir à vivre avec ses failles : « Ma famille incarne ce que la joie a de plus bruyant, de plus spectaculaire, l'écho inlassable des morts, et le retentissement du désastre. Aujourd'hui je sais aussi qu'elle illustre, comme tant d'autres familles, le pouvoir de destruction du verbe, et celui du silence. »

Winterson, Jeanette, romancière britannique, née le 27 août 1959 à Manchester

Plusieurs ressemblances existent entre le dernier livre de John Irving *A moi seul bien des personnages* et celui publié par Jeanette Winterson *Pourquoi être heureux quand on peut être normal*[91]. Dans les deux cas, l'histoire est racontée à la première personne, le personnage principal étant né dans des conditions difficiles (de père inconnu chez Irving, abandonné pour Jeanette Winterson) ; tous deux voient le naufrage de leur enfance sauvée par les livres ; tous deux deviendront écrivains une fois adultes ; et tous deux développeront une sexualité non hétérosexuelle (bisexuelle pour le personnage d'Irving, homosexuelle pour Jeanette). Cependant, si le livre d'Irving est sous-titré roman, celui de Jeanette Winterson est clairement autobiographique. Il vient d'ailleurs compléter un roman écrit vingt-sept années plus tôt – *Les Oranges ne sont pas les seuls fruits*[92] – qui parlait déjà de la vie d'une enfant, nommée Jeanette, adoptée bébé par un couple de pentecôtistes et confrontée à une mère excentrique et extrémiste : « Quand ma mère se fâchait contre moi, ce qui lui arrivait souvent, elle disait : Le Diable nous a dirigés vers le mauvais berceau. » Jeanette apprend à lire dans la Bible, sa mère la destinant à être missionnaire. Elle n'a pas le droit de lire d'autres livres : « Le problème avec un livre, c'est qu'on ne sait jamais ce qu'il contient avant qu'il ne soit trop tard. » Avec une année de retard, sa mère se résout à envoyer Jeanette à l'école… après avoir reçu une injonction des services sociaux. « C'était angoissant parce que ma mère appelait l'école le Bouillon de

[91] Éditions de l'Olivier, mai 2012
[92] Éditions de l'Olivier, 2012 (Une première édition a paru en 1991 aux Éditions des Femmes

Culture. » Quand, à l'adolescence, Jeanette révèle à sa mère son homosexualité, elle subit un exorcisme en règle.

Le récit autobiographique met en évidence une enfance plus sordide encore que celle décrite dans le roman. « Je crois que ce qui m'attriste le plus, dans cette légende *Des Oranges*, c'est que j'ai écrit une histoire avec laquelle je pouvais vivre. L'autre était trop douloureuse. Je n'y aurais pas survécu », écrit-elle dans le premier chapitre de son autobiographie. Des passages entiers, particulièrement terribles pour une enfant, sont occultés dans le roman. A l'inverse, Jeanette invente une adulte qui la soutient et l'aime telle qu'elle est. « J'ai créé ce personnage parce que je ne pouvais pas supporter qu'elle ne soit pas dans l'histoire. Je l'ai créé parce que j'avais souhaité que les choses se passent ainsi. Les enfants solitaires s'inventent des amis imaginaires », précise-t-elle encore. Pourquoi l'auteure écrit-elle à nouveau sur son enfance, presque trente ans après ce premier roman qui l'avait rendue célèbre ? Plusieurs événements semblent y avoir contribué. Le premier est que sa mère adoptive est, entre-temps, décédée. « Pour lui survivre, lui rendre hommage et, plus tard, lui pardonner, j'ai dû la réinventer », explique-t-elle[93]. Le second est que Jeanette a fait les démarches nécessaires lui ayant permis de retrouver sa mère biologique. Le troisième est qu'à l'occasion de ces recherches, elle a découvert que Mrs Winterson attendait de l'Agence d'adoption un garçon – un petit Paul qui, pour des raisons inexpliquées, ne lui a pas été confié. A sa place, c'est Jeanette qui est arrivée. Elle enfilera d'ailleurs, dans les premiers mois de sa vie, les vêtements de garçon que Mrs Winterson avait achetés pour le petit Paul. « Et moi qui croyais que ma vie n'était qu'une question de choix sexuel et de féminisme et … il se trouve qu'au début, j'étais un garçon », écrit-elle. C'est donc tout l'édifice sur lequel Jeanette Winterson a construit sa vie d'adulte qui demande, avec cette découverte, à être réétayé. Après le succès des *Oranges,* Jeanette Winterson est devenue en Grande-Bretagne une icône de la contre-culture homosexuelle et féministe. Pour elle, chacun doit pouvoir décider en toute indépendance de sa vie, de son avenir, de ses

[93] *Libération* du 2 mai 2012

choix sexuels. C'est donc à un voyage aux limites de la liberté et aux frontières de l'inconscient que nous convie Jeanette Winterson dans son dernier livre. Comme une porte ouverte sur un nouveau commencement.

Après la rencontre de sa mère biologique, Jeanette conclut le livre par ces mots : « Je n'ai aucune idée de ce qui va se passer ensuite ». Dans le monde selon Jeanette Winterson, les histoires sont heureusement là pour compenser ce qui est hors de contrôle.

X ou la pièce manquante du puzzle

C'est d'un auteur célèbre dont il sera question ici. Pourtant, il restera comme la plupart des personnages de ses romans « une personne non identifiée » ou, plus simplement « X »[94]. Tant que toi, lecteur, tu ne l'auras pas reconnu... Ce ne sera pas pour lui déplaire, lui qui a fait des fausses pistes et de la quête identitaire la trame de la plupart de ses livres. Il vient, à point nommé, confirmer la thèse avancée dans ce livre. Quels sont donc les faits marquants de son enfance qui irriguent la trentaine de livres publiés depuis son premier roman en 1968 ?

Un épisode de sa vie rappelle Tobie Nathan : son prénom usuel n'est pas celui figurant sur son état civil... Son véritable prénom est Jean. Mais cette raison n'explique pas le fait qu'il soit devenu écrivain. Bien que « respectueux pour tous les papiers officiels, diplômes, actes notariés, arbres généalogiques, cadastres, parchemins, pedigrees...[95] », l'auteur a longtemps menti sur son année et son lieu de naissance. La quatrième de couverture de ses premiers livres prétend qu'il est né en 1947 à Paris. La publication de son autobiographie, en 2005, vient corriger cette « erreur » : « Je suis né le 30 juillet 1945, à Boulogne-Billancourt. » Et trois pages plus loin : « Je suis un chien qui fait semblant d'avoir un pedigree. Ma mère et mon père ne se rattachent à aucun milieu bien défini. Si ballottés, si incertains que je dois bien m'efforcer de trouver quelques empreintes et quelques balises dans ce sable mouvant comme on s'efforce de remplir avec des lettres à moitié effacées une fiche d'état civil ou un questionnaire administratif.[96] » Comme lui, bon nombre des personnages de ses romans usent de fausses

---

94 *Dans le Café de la jeunesse perdue,* Gallimard, 2007

95 *Livret de famille,* Gallimard, 1977

96 *Un pedigree,* Gallimard, 2005

identités, s'inventent des patronymes, vivent en fraude, brouillent les pistes sur leur origine. Surtout quand celle-ci demeure difficile à assumer : « Drôles de gens. Drôle d'époque entre chien et loup. Et mes parents se rencontrent à cette époque-là, parmi ces gens qui leur ressemblent. Deux papillons égarés et inconscients au milieu d'une ville sans regard. (...) Mais je n'y peux rien, c'est le terreau – ou le fumier – d'où je suis issu[97]. » Fils d'un aventurier juif, trafiquant de marché noir pendant l'Occupation et d'une comédienne flamande au cœur sec, il est très souvent confié à ses grands-parents maternels ou à des proches de sa mère. Juste un frère cadet à qui se raccrocher pour tenter de former un embryon de famille.

Son œuvre est un véritable jeu de piste : mêmes noms de personnages, mêmes adresses parisiennes, mêmes numéros de téléphone, parfois aussi mêmes phrases réapparaissent d'un livre à l'autre. Comme le refrain lancinant d'une chanson. Comme au réveil, un rêve dont on ne parvient pas totalement à se défaire. « Jusque-là, tout m'a semblé si chaotique, si morcelé... Des lambeaux, des bribes de quelque chose, me revenaient brusquement au fil de mes recherches...Mais après tout, c'est peut-être ça, une vie... Est-ce qu'il s'agit bien de la mienne ? Ou de celle d'un autre dans laquelle je me suis glissé ? [98] » Tout dans son œuvre fonctionne sur le mode flouté des souvenirs enfouis qui, parfois, resurgissent. A l'image de cet accident, survenu dans l'enfance, et que l'on retrouve, sous différentes formes, dans plusieurs de ses livres : « Et je n'éprouvais aucune inquiétude, moi qui n'avais jamais cessé d'être sur le qui-vive. Peut-être devais-je ce brusque apaisement à l'éther que l'on m'avait fait respirer la nuit dernière, ou à une autre drogue qui avait calmé la douleur. En tout cas, le poids que j'avais toujours senti peser sur moi n'existait plus. Pour la première fois de ma vie, j'étais léger et insouciant, et c'était cela ma vraie nature. (…) On dit que ce sont les odeurs qui ressuscitent le mieux le passé, et celle de l'éther avait toujours eu un curieux effet sur moi. Elle me semblait l'odeur même de mon enfance, mais

---

[97] *Un pedigree,* Gallimard, 2005
[98] *Rue des Boutiques obscures,* Gallimard, 1978

comme elle était liée au sommeil et qu'elle effaçait aussi la douleur, les images qu'elle dévoilait se brouillaient aussitôt. C'était sans doute à cause de cela que j'avais, de mon enfance, un souvenir confus. L'éther provoquait à la fois la mémoire et l'oubli. [99] » Alors, une brume s'installe, qui enveloppe tout et qui dresse entre le monde et l'auteur une sorte de vitre dépolie, comme un doute lui permettant de ne pas en savoir plus. « Au moins, avec le doute, il demeure encore une forme d'espoir, une ligne de fuite vers l'horizon.[100] »

Le procédé est usé jusqu'à la corde, pourtant il l'utilise avec succès dans la quasi-totalité de ses livres : le personnage principal est écrivain. « Un éditeur venait d'accepter mon premier livre et j'avais dans la poche intérieure de ma veste, une lettre qui m'annonçait la nouvelle.[101] » La plupart du temps, c'est la publication de ce premier livre qui permet au personnage de sortir de l'enlisement dans lequel la vie l'a plongé. Devenu écrivain, il évite que les choses et les êtres ne se perdent dans l'oubli : « En écrivant ce livre, je lance des appels, comme des signaux de phares dont je doute malheureusement qu'ils puissent éclairer la nuit. Mais j'espère toujours.[102] » On serait donc porté à croire que cet auteur écrit toujours le même livre, sur la vie telle qu'elle existait avant lui, celle de ses parents, la guerre et cette période trouble que fut l'Occupation... D'autant qu'il peut lui-même le laisser entendre : « Je n'avais que vingt ans, mais ma mémoire précédait ma naissance. J'étais sûr, par exemple, d'avoir vécu dans le Paris de l'Occupation puisque je me souvenais de certains personnages de cette époque et de détails infimes et troublants, de ceux qu'aucun livre d'histoire ne mentionne.[103] » Mais il n'en est rien. Depuis quarante-cinq ans et plus de trente livres, cet auteur écrit pour cacher l'essentiel. Une plaie toujours vive passée sous silence. Sauf ces quelques lignes, en 2005, dans son seul livre véritablement

[99] *Accident nocturne,* Gallimard, 2003
[100] *L'Horizon,* Gallimard, 2010
[101] *Chien de printemps,* Gallimard, 1993
[102] *Dora Bruder,* Gallimard, 1997
[103] *Livret de famille,* Gallimard, 1977

autobiographique : « A part mon frère Rudy, sa mort, je crois que rien de tout ce que je rapporterai ici ne me concerne en profondeur. J'écris ces pages comme on rédige un constat ou un curriculum vitae, à titre documentaire et sans doute pour en finir avec une vie qui n'était pas la mienne.[104] » Et cette confidence faite dès 1990 à Pierre Assouline (qui avait, lui aussi, perdu un frère lorsqu'il était adolescent) : « Le choc de sa mort a été déterminant. Ma recherche perpétuelle de quelque chose de perdu, la quête d'un passé brouillé qu'on ne peut élucider, l'enfance brusquement cassée, tout cela participe d'une même névrose qui est devenue mon état d'esprit.[105] » Non, il ne reviendrait pas sur la mort de son frère Rudy. « Il craignait trop que le chagrin, enfoui jusque-là, ne se propage à travers les années comme le long d'un cordon Bickford. [106] »

[104] *Un pedigree,* Gallimard, 2005

[105] Magazine *Lire*, mai 1990

[106] *Pour que tu ne te perdes pas dans le quartier,* Gallimard, 2014

Yates, Richard, romancier et nouvelliste américain, né le 3 février 1926 à Yonkers, New York, et mort le 7 novembre 1992 à Birmingham, Alabama

Richard Yates, romancier et nouvelliste américain, fut défendu par Kurt Vonnegut et Tennessee Williams. On dit qu'il aurait influencé Raymond Carver et Richard Ford. Son œuvre est unanimement reconnue par la critique. Pourtant, ses livres se vendent mal. La seule biographie existante de Richard Yates a été écrite quinze ans après sa mort[107] et n'a jamais été traduite en français. Sur *Wikipedia*, il est écrit qu' « il naît à Yonkers (New York) dans un foyer instable. Ses parents divorcent quand il a trois ans et il passe une grande partie de son enfance d'une ville à l'autre (...), il rejoint l'armée, servant en France et en Allemagne lors de la Seconde Guerre mondiale ».

Un destin d'exception[108], son troisième roman, semble être le décalque à peine déformé de la vie de Richard Yates. Un livre construit comme un hamburger : l'enfance d'un gamin élevé par une mère possessive et irresponsable entre deux tranches de récit de guerre ! Deux destins, deux itinéraires singuliers dans le chaos de la vie ! Alice est une mère au parcours semé d'embûches, après un divorce et le désir de devenir sculptrice. Le succès n'est guère au rendez-vous quand les difficultés, elles, sont légion : fins de mois difficiles, déménagements à la cloche de bois, amants de passage et rarement de bonne foi. Alice élève seule son fils Bobby, qui devient son seul appui. Sa béquille. Un passage du prologue rappelle chez Alice le comportement de la mère de Daniel Duroy : « Il l'avait souvent vue se comporter de la sorte. La première fois, bien des années auparavant, c'était à

---

[107] Blake Bailey, *Une honnêteté tragique : la vie et l'œuvre de Richard Yates*, 2003

[108] Robert Laffont, Collection Pavillons, 2013

la suite d'une menace d'expulsion de la part d'un propriétaire de Westchester, juste après avoir téléphoné à Georges Prentice pour lui quémander le montant de leur dette. "D'accord ! avait-elle hurlé, d'accord ! Mais je te préviens, je vais mettre fin à mes jours, ce soir même ! " Ayant abattu le combiné sur son socle, elle s'était levée, elle s'était agrippé le sein et elle était tombée de toute sa hauteur sur la moquette. Son petit garçon l'avait regardée, les deux poings enfoncés dans la bouche pour étouffer sa panique, jusqu'à ce qu'elle finisse par se relever et par le serrer, sanglotant, contre elle. »

Alice finit par connaître son quart d'heure de célébrité. La photo de l'une de ses sculptures « Le portrait du fils de l'artiste » sera publiée dans les colonnes du *New York Times*. Un succès au milieu d'un tas d'échecs retentissants. Cependant, Alice continue à croire en elle. Fervente optimiste ou indécrottable irréaliste, elle a foi en la vie. « Certes, Alice Prentice la sculptrice était pour l'heure hors-jeu, mais Alice Prentice l'esprit libre, l'être d'exception, était toujours bien présente. Tout était encore possible. » A dix-huit ans, son fils Bobby croit lui aussi en son destin d'exception. Il compte sur la guerre en Europe pour prouver qu'il est devenu un homme. Mais, avec « au moins vingt centimètres de trop, un petit visage et de grands yeux assoiffés d'approbation », comment voulez-vous qu'il brille dans un univers où il ne comprend rien aux combats et pas grand-chose aux hommes qui l'entourent ? De Belgique en Allemagne, en passant par la case hôpital pour y soigner une mauvaise pneumonie, il rate toutes les occasions de devenir le genre de héros qu'il a vu au cinéma. Il ne parvient à tirer sa première balle qu'à la page 268 et c'est pour rater un soldat allemand en fuite ! « Vous vous débrouillez comme un as pour tout faire capoter depuis le début » lui assène un jour son adjudant. Et quand, lors d'une pause, se rendant à une fête organisée par sa compagnie, Bobby ne parvient pas à trouver de place assise à table, Richard Yates écrit : « la scène illustrait trop bien, et de manière caricaturale, sa place au sein de la section : il était l'homme voué à arriver trop tard, le laissé-pour-compte et, surtout, le soldat cantonné à une position subalterne pour qu'on le remarque. » Richard Yates a fait la même guerre, au même âge. Il eut la même enfance.

Sans peur et sans reproche[109] est une nouvelle qui montre la vie d'un employé de bureau peu doué. Quand il se fait virer, lui revient un souvenir d'enfance. Il excellait, lorsqu'il jouait aux gendarmes et aux voleurs avec sa bande de copains, à simuler recevoir une balle en plein cœur et à s'affaler sur le sol. Comme cet employé de bureau, Richard Yates était un vaincu chronique, invétéré, « un étrange petit garçon qui avait le goût de la chute ». En tant qu'écrivain, Richard Yates avait aussi le goût de la chute.

[109] Dans *Onze Histoires de solitude*, Robert Laffont, 2009

Zorn, Fritz, nom de plume de Fritz Angst, écrivain suisse de langue allemande, né le 10 avril 1944 à Meilen dans le canton de Zurich et mort le 2 novembre 1976 à Zurich,

Un dicton populaire dit : mieux vaut être jeune, riche et en bonne santé que vieux, pauvre et malade. La lecture de *Mars*[110], récit autobiographique de Fritz Zorn, pourrait bien remettre en cause ce vieil adage. Celui-là et quelques autres...

Fritz Zorn est un jeune Suisse âgé de trente ans lorsqu'il entame l'écriture de *Mars*. Il est issu de la Rive Dorée du lac de Zurich et descend d'une des familles les plus huppées de ce quartier qui regroupe lui-même les familles les plus huppées de Suisse. « S'il faut donc que je me rappelle mon enfance, je dirai tout d'abord que j'ai grandi dans le meilleur des mondes possibles. D'après tout ce qu'on m'a raconté sur moi, j'ai dû être un enfant très aimable, éveillé, joyeux et même épanoui ; on peut donc supposer que j'ai eu une enfance heureuse. » Fritz Zorn dit avoir des difficultés à se rappeler de détails particulièrement malheureux de son enfance. Tout allait toujours bien. Trop bien ? « Ce qu'on m'évitait dans ma jeunesse, ce n'était pas la souffrance ou le malheur, c'était les problèmes et, par conséquent, la capacité d'affronter les problèmes. Le fait que je me trouvais dans ce meilleur des mondes possibles, c'était justement cela qui était mal. Tout de même, un monde exclusivement heureux et harmonieux, cela ne peut pas exister ; et si le monde de ma jeunesse prétend avoir été un pareil monde, uniquement heureux et harmonieux, il faut qu'il ait été, dans ses fondements mêmes, faux et menteur. » Fritz Zorn décrit certains comportements caractéristiques de sa famille : être d'accord avec tout le monde, ne jamais dire non, ne pas s'engager, ne jamais émettre un jugement personnel, ne

[110] Gallimard, 1979. Paru chez Folio

jamais parler de sujets qui fâchent tels que l'argent, la politique, la religion ou la sexualité. « Dans ma famille, lorsqu'il s'agissait de prendre parti, l'un des recours les plus en vogue, c'était le "compliqué". "Compliqué", c'était le mot magique, le mot clé qui permettait de mettre de côté tous les problèmes non résolus, excluant ainsi de notre monde intact tout ce qui était gênant et inharmonieux. »

L'entrée au collège puis au lycée n'est, pour Fritz, que la continuation des mêmes principes de vie inculqués par ses parents : il se livre peu, ne se fait pas d'amis mais se trouve très à l'aise dans des « choses élevées » telles que la musique classique ou la littérature (des auteurs morts de préférence). Cependant, peu à peu il se rend compte que chacun de ses camarades d'école émet des points de vue, a des opinions tandis que pour lui, tout est « compliqué ». Il doit de plus en plus se protéger contre le constat désagréable que ce sont les autres qui savent, et lui qui ne sait pas. Beaucoup de ses camarades ont une amie ; lui, naturellement, n'en a pas. A l'âge de dix-sept ans, Fritz fait une dépression qui, à la longue, devient chronique et dont, comme le reste, il finit par s'accommoder. « J'étais du genre nonchalant et rien ne pouvait me manquer. Rien ne pouvait m'irriter, rien m'abattre ; j'avais toujours le sourire aux lèvres car je voulais être l'image vivante d'un non-frustré. Plus j'étais déprimé au fond de mon cœur, plus je souriais. Plus noir le dedans, plus blanche la surface. » Il va à la faculté et devient professeur. A trente ans, il découvre sur son cou une tumeur qui, progressivement, grossit sans qu'il ne soupçonne d'abord rien de méchant. « Bien que ne sachant pas encore que j'avais le cancer, intuitivement je posais déjà le diagnostic car, selon moi, c'étaient des "larmes rentrées". Je crois que le cancer est une maladie de l'âme qui fait qu'un homme qui dévore tout son chagrin est dévoré par lui-même, au bout d'un certain temps, par ce chagrin qui est en lui. Toute ma vie j'ai été brave et gentil et c'est pour cela que j'ai aussi attrapé le cancer. Et c'est tout à fait bien ainsi. »

Il entreprend alors une psychothérapie et décide d'écrire le récit de sa vie. « Au cas où je mourrais, on pourra dire que j'ai été éduqué à mort », commence-t-il par noter. D'une écriture froide et lucide, tel un entomologiste, il revisite minutieusement son passé, sans que la moindre émotion – hormis une haine maîtrisée – n'affleure jamais. « Cette volonté de prendre une distance par rapport à mon passé familial dans la mesure où j'en souffre, c'est cela ma liberté. On m'a démoli et détruit, castré, violenté, empoisonné et tué, mais c'est justement dans cette liberté individuelle qui est la mienne que je me distingue d'une tête de bétail qu'on abat tout simplement ; en cela, même moi j'atteins à une certaine dignité humaine. Je me suis chagriné à mort, je meurs de douleur. Peut-être dois-je payer de ma mort ma volonté d'être-autre-que-mes-parents. Peut-être le cancer est-il même une libre décision, le prix que je suis disposé à payer pour me libérer de mes parents. » Vers la fin du récit, il cite cette phrase de Sartre : « L'essentiel n'est pas ce qu'on a fait de l'homme, mais ce qu'il a fait de ce qu'on a fait de lui » et constate : « Assurément il peut y avoir une chance de faire encore quelque chose de ce qu'on a fait de vous ; peut-être même chacun a-t-il cette chance. Même moi j'aurais pu avoir cette chance. Je n'ai pas réussi à faire autre chose que ce qu'on a fait de moi. »

La mort a fauché Fritz Zorn à trente-deux ans, peu après qu'il eut terminé l'écriture de ce livre.

Le vrai drame de l'enfant doué

La théorie d'Alice Miller, selon laquelle un fil rouge court tout au long de la vie de chaque individu, à partir d'un événement ou d'une série d'événements significatifs vécus dans l'enfance, fonctionne pour les vingt-six auteurs étudiés. Vous pourrez toujours me rétorquer que ces vingt-six auteurs n'ont pas été choisis au hasard et vous aurez en partie raison... En partie seulement, parce que l'on pourrait faire la même démonstration avec d'autres auteurs, avec d'autres artistes, avec d'autres personnes connues ou inconnues.

Pourquoi ces vingt-six là sont-ils devenus écrivains, et surtout, pourquoi ont-ils écrit dans un registre qui n'appartient qu'à eux et qui les distingue si clairement des autres auteurs ? L'examen de leur vie et de leur œuvre montre le caractère singulier de chacune de leurs démarches d'écriture, qui s'est construite en réponse à différents traumatismes vécus dans l'enfance, que ceux-ci aient été ou non accompagnés par un adulte jouant le rôle de témoin lucide.

A chacun de ces vingt-six auteurs correspond une raison spécifique d'écrire, trouvant leur origine dans son enfance :

Pour mettre des mots sur les silences du père, témoin dans son enfance de l'assassinat de son propre père par sa mère.
Pour s'opposer au sien.
Parce que le souvenir de l'irresponsabilité de ses parents l'oblige à développer des capacités pour comprendre le monde.
Pour soutenir le sien contre tous ceux qui lui veulent du mal.
Pour élucider la perte de sa sœur morte avant sa naissance, dont ses parents ne lui ont jamais parlé.
Pour conquérir un père lointain.
Parce qu'il s'identifie totalement au sien, au risque de se tromper d'époque.

Parce que l'écriture est une façon de se défendre du suicide, en sauvant de la honte d'être né hors mariage.
Parce qu'un père de remplacement, gommant le père originel absent, ouvre à la littérature.
Pour combler les silences de la mère biologique et de la mère adoptive qui n'ont pas eu accès à la parole.
Parce que son oppresseur de père l'a privé de parole.
Parce que son père le souhaite.
Pour renouer le fil par-delà la mort du père.
Parce qu'il est la réincarnation d'un éminent aïeul et que cette vision change son monde, à défaut de changer le monde.
Pour survivre à la pédagogie noire pratiquée dans un internat.
Pour se protéger d'un chagrin insupportable lié à la mort de ses parents dont il ne peut faire le deuil.
Pour rendre hommage au sien.
Pour comprendre la guerre entre les parents et pouvoir pardonner au père.
Parce qu'il fut témoin de l'internement violent de sa tante, devenue subitement folle, et du silence qui régna ensuite sur cette mort.
Parce qu'elle apprend à l'âge de dix-neuf ans que sa mère est juive.
Parce que les enfants sensibles finissent toujours par devenir les boucs émissaires du reste de la famille.
A cause du jour où elle dut sauver sa sœur contre la folle violence de sa mère.
Pour régler ses comptes avec sa mère adoptive qui attendait un garçon et a reçu une fille.
Pour cacher ce qui ne peut être dit : la perte d'un frère aimé à qui l'on s'est raccroché dans l'enfance, au milieu de parents non gratifiants.
Pour se défaire d'un lien trop étroit à sa mère, instable et alcoolique.
Parce que la famille peut être toxique au point d'éduquer à mort.

La théorie qu'Alice Miller développa dans son premier livre *Le drame de l'enfant doué*[111] intègre toutes ces raisons. Elle fut la première psychothérapeute qui osa – à la fin des années

---

111 Presse Universitaire de France, 1983

soixante-dix – attaquer de front les parents dans leurs comportements d'éducateurs. Selon elle, un enfant – et particulièrement un enfant sensible – dès son plus jeune âge, fait preuve d'une étonnante aptitude à sentir, par intuition, les besoins de ses parents – la plupart du temps de sa mère car c'est elle qui s'occupe de lui – et à y répondre. En s'assurant ainsi l'amour de ses parents, il développe une sensibilité très particulière aux signaux inconscients des besoins d'autrui... et, par voie de conséquence, il nie ses besoins propres. C'est *Le drame de l'enfant doué*, qui, devenu adulte, passe son temps à se mettre à la disposition des autres, choisit une profession d'aide à autrui et continue ainsi, tout au long de sa vie, à réprimer ses réactions émotionnelles. Poursuivant sa démarche, Alice Miller s'en prenait à la « pédagogie noire » qui sévissait alors dans la grande majorité des familles et, par extension, à la plupart des religions qui ont pour principe fondamental que l'enfant doit un respect total à ses parents, ce qui, dans la religion catholique se traduit par le quatrième commandement du Décalogue : « tu honoreras ton père et ta mère ». Au fur et à mesure de ses publications, Alice Miller attirait de plus en plus l'attention sur les risques somatiques que provoque le déni de sa propre histoire.

J'avais consulté le site Internet[112] que cette vieille dame (née en 1923) avait monté dès l'essor des nouvelles technologies. Je lui avais envoyé le texte que j'avais écrit sur Pierre Goldman, faisant le lien entre la façon dont ses parents l'avaient élevé (dans la violence des armes) et ce qu'il était devenu adulte (guérillero et gangster). C'est fortuitement, en consultant à nouveau son site plusieurs années plus tard, que j'ai découvert qu'elle avait répondu à mon message, dans un français approximatif mais tout à fait explicite : « Je vous remercie pour votre lettre et suis contente de la pouvoir partager avec les autres. Si vous avez lu *Notre corps ne ment jamais*, vous devez savoir que l'histoire de Goldman n'est pas exceptionnelle, la fuite de la vérité vers des idéologies n'est qu'une des manières d'escaper la douleur qui semble insupportable. Une fois qu'on a

---

[112] www.alice-miller.com

compris cette loi, la loi de "l'amour" des enfants maltraités pour leurs parents, payé si cher, on voit des exemples pareils partout. Mais il y a peu qui sont prêts à vouloir comprendre la destructivité de cet attachement. Je vous félicite d'avoir ouvert vos yeux.[113] »

L'annonce de la mort d'Alice Miller, en 2010, m'avait profondément attristé. Comme si l'on se connaissait, comme si l'on avait fait un bout de route ensemble, comme si elle avait été pour moi ce « témoin lucide » qui m'avait aidé à (dé)passer certaines épreuves de ma vie. D'Alice Miller elle-même, je ne savais rien, ou pas grand-chose. Et voilà qu'en 2014, son fils Martin, lui-même psychothérapeute, publiait un livre : *Le vrai « drame de l'enfant doué » la tragédie d'Alice Miller*[114]. On y découvre que les théories élaborées par Alice Miller sur les souffrances muettes de l'enfant, elle les avait conçues à partir de sa propre expérience.

Elle était née dans une famille juive orthodoxe près de Lodz en Pologne en 1923, sous le nom d'Alicija Englard. Très tôt, par son caractère affirmé, elle se battit pour obtenir de ses parents ce qu'elle désirait. Elle parvint ainsi à suivre une scolarité dans une école publique plutôt qu'à l'école juive. Mais ses attentes restaient le plus souvent incomprises de son père, soumis à sa propre famille et à la religion juive. « Contrairement à la perception des membres de sa famille, elle a vécu dans son corps le fait que ses questions et sa critique étaient interprétées et punies comme un comportement désobéissant. » Elle n'avait pas d'allié et réagissait par le retrait en se réfugiant dans les livres. « Pour l'exprimer avec les mots de sa propre théorie : elle a fait l'expérience douloureuse de ce que l'enfant qui veut vivre son soi propre, contraire aux valeurs familiales, se trouve en général seul. Elle n'avait pas droit à sa propre opinion, on l'a censurée et endoctrinée », précise Martin Miller.

---

113 https://www.alice-miller.com/chronique-de-pierre-goldman/
114 Presse Universitaire de France, 2014

En septembre 1939, la Pologne est envahie par l'armée hitlérienne qui, rapidement, regroupe les Juifs dans des ghettos. Alicija a alors seize ans, mais se comporte déjà en adulte. Elle parle couramment le polonais, parvient à s'échapper du ghetto et à obtenir de faux papiers pour elle (elle se fait alors appeler Alice) et aussi pour sa famille, permettant à sa jeune sœur et à sa mère de vivre côté aryen. Son père, malade et ne parlant que yiddish, reste dans le ghetto où il meurt en 1941 des suites de sa maladie. Durant quatre années, jour après jour, Alice Miller vécut sous une fausse identité, la peur au ventre, prenant quotidiennement des risques pour venir en aide aux siens.

La démarche mise en œuvre par Martin Miller pour écrire ce livre se rapproche à bien des égards de celle d'Agata Tuszyńska et de son *Histoire familiale de la peur.*

1. Les mères de ces deux auteurs sont des Juives polonaises vivant dans la région de Lodz.
2. Toutes deux sont jeunes lorsque la Pologne est envahie par l'Allemagne nazie : Halina, la mère d'Agata a neuf ans; Alicija, la mère de Martin en a seize.
3. Toutes deux doivent nier leur propre personnalité (leur passé, leur religion, leur famille) pour survivre hors du ghetto. Elles doivent se créer une fausse identité, avec de faux papiers aryens.
4. Toutes deux conserveront leur nom d'emprunt à l'issue de la guerre.
5. A l'issue de la guerre, elles tairont leur judéité à leur entourage, y compris à leurs enfants.
6. Elles se marieront toutes deux avec un Polonais tenant régulièrement des propos antisémites, et toutes deux finiront par demander le divorce.
7. Leur vie d'après-guerre restera marquée par la peur que l'on apprenne quelque chose concernant leur vie privée.
8. Elles ne parviendront à établir des relations émotionnelles qu'avec de rares proches avec qui elles ont partagé les souffrances de la guerre, en particulier des cousins et cousines.
9. Leurs enfants, Agata et Martin, n'oseront jamais poser de questions à leurs mères sur la période de la guerre, sentant

parfaitement ce que l'on attend d'eux et s'y conformant sans réserve.

10. Leurs enfants, Agata et Martin, choisiront d'exercer le même métier que leur mère : journaliste pour la première, psychothérapeute pour le second.

11. Ces mêmes enfants parviendront à briser le tabou et les silences familiaux et oseront plus tard explorer leur histoire familiale, dont une large part leur était jusqu'alors inconnue[115].

Voilà pour les principales similitudes entre les mères des deux auteurs et la démarche d'écriture que ces derniers ont engagée. 1

Il demeure cependant une différence fondamentale entre leurs deux situations. Elle réside dans le rapport de ces deux jeunes femmes avec leurs parents durant la guerre : alors qu'Halina demeure une enfant protégée par sa propre mère, Alicija doit prendre en charge ses parents. Cette différence aura sur Alicija des répercussions insoupçonnées.

Au début de la guerre, l'oncle et la tante d'Alicija, de qui elle se sentait beaucoup plus proche que de ses parents, étaient venus proposer à toute la famille de quitter la Pologne afin de fuir le nazisme. Les parents d'Alicija refusèrent. L'oncle se tourna alors vers elle et lui proposa de l'emmener. Alicija refusa catégoriquement, disant qu'elle ne pouvait pas abandonner sa famille. « La décision de ma mère de se sacrifier pour les siens, tout en adoptant au sein de la famille une tout autre position, est un exemple typique de la parentification des enfants par leurs parents. Alice, elle-même encore adolescente, sent le sentiment d'impuissance de ses parents et assume le rôle des adultes. Elle n'a pu se soustraire à ce devoir. Je suis persuadé que cette expérience l'a conduite aussi inconsciemment quand, des décennies plus tard, elle a rédigé dans ses livres ses théories sur la critique du comportement parental » explique Martin Miller,

---

[115] Concernant la transmission à leurs enfants de l'histoire de parents ayant vécu la Shoah, lire *Le traumatisme en héritage* d'Helen Epstein, La Cause des livres, 2005

qui précise « La rédaction du *Drame de l'enfant doué* a dû représenter pour ma mère rien de moins que l'abandon de son faux soi. Rien ni personne ne pouvait plus la priver de parole ; elle ne simulait plus et ne reniait pas ce qu'elle considérait comme bon. Ce livre est autobiographique même si elle n'y lève pas le voile. »

« Pourtant, c'est le développement extrême d'un faux soi qui sauva ma mère pendant la guerre », déclare encore Martin Miller. « La conséquence tragique de ce vécu traumatique fut qu'Alice Miller continua à porter en elle deux personnalités différentes. D'une part, cette Alicija récalcitrante et rétive qui se rebelle contre les normes établies et s'engage dans l'enfance pour le droit à l'existence de l'originalité humaine ; d'autre part, cette Alice pratiquement insensible qui obéit obscurément à l'obligation de s'adapter pour assurer sa survie. La vie future d'Alice Miller oscilla constamment entre ces deux pôles. » Et Martin Miller de décliner les penchants excessifs de sa mère : « son besoin de tout contrôler, autrefois nécessaire à la survie, sa peur inextinguible de la persécution, qui s'exprima aussi par le retrait total dans son bastion provençal, sans oublier non plus la projection du persécuteur en moi. » Et de conclure : « Plus ma mère s'efforçait d'échapper aux fantômes torturants de la guerre, plus le passé se manifestait en tant que présent vécu. Et, dans les dernières années de sa vie, ce passé se dirigea de plus en plus contre son propre fils. » Pendant trente ans, Martin Miller refusa de voir sa mère. On peut être une remarquable théoricienne de la psyché, être internationalement connue, et demeurer un parent incompétent ! Ou pour le dire autrement, « le vrai drame de l'enfant doué », Alice Miller l'avait vécu tellement intensément dans son enfance qu'il continua de la marquer toute sa vie, tant dans les livres qu'elle écrivit que dans sa propre vie familiale et affective.

Parce qu'en tant qu'enfant, elle a dû devenir le parent de ses parents, Alice Miller tenta, tout au long de sa vie, de se libérer de ce traumatisme. Et le moment où elle y parvint le mieux fut la période où elle écrivit, d'un seul jet, son premier livre *Le drame de l'enfant doué,* lequel, à partir de sa propre expérience, cherchait à transformer des pans entiers de sa vie passée en théorie universellement utile. Martin Miller, alors âgé de vingt-huit ans, fut témoin de ce processus.

Laissons à Martin Miller le mot de la fin, lorsqu'il parle de sa mère Alice écrivant *Le drame de l'enfant doué* : « Elle se transformait radicalement, comme si elle se fondait presque dans ses pensées, comme si son corps et son esprit se rencontraient. Pour la première fois, je la sentais heureuse. Tout était vrai. En fait, c'était également son histoire. C'est la raison pour laquelle ce livre était et reste toujours aussi authentique. La rédaction de cet ouvrage a dû représenter pour ma mère rien de moins que l'abandon de son faux moi. Rien ni personne ne pouvait plus la priver de parole ; elle ne simulait plus ni ne reniait pas ce qu'elle considérait comme bon. »

Bibliographie d'Alice Miller

• *Le drame de l'enfant doué*, Presses universitaires de France, 1983

• *C'est pour ton bien*, Aubier, 1985

• *L'enfant sous terreur*, Aubier, 1986

• *Images d'une enfance*, Aubier, 1987

• *La souffrance muette de l'enfant*, Aubier, 1990

• *La connaissance interdite*, Aubier, 1990

• *Abattre le mur du silence*, Aubier, 1991

• *L'avenir du drame de l'enfant doué*, Presses universitaires de France, 1996

• *Chemins de Vie - Sept Histoires*, Flammarion, 1998

• *Libres de savoir : Ouvrir les yeux sur notre propre histoire*, Flammarion, 2001

• *Notre corps ne ment jamais*, Flammarion, 2004

• *Ta vie sauvée enfin*, Flammarion, 2008

• *La fessée, questions sur la violence éducative* d'Olivier Maurel, Préfacé par Alice Miller, La Plage éditeur, 2004

Site Internet : www.alice-miller.com

Interview d'Alice Miller[116] par Olivier Maurel[117]

Quelle est, d'après vous, la source principale de la violence humaine ?

Je vois les racines de la violence et de la destructivité de l'adulte dans les traumatismes et les carences qu'il a subis et refoulés dans son enfance.

Comment avez-vous été personnellement amenée à la certitude que la maltraitance est la principale source de la violence humaine ?

Par mes patients, j'ai peu à peu acquis la certitude que les blessures subies pendant l'enfance se transforment à l'âge adulte en destructivité.

Pourquoi, au départ, vous êtes-vous orientée vers la psychanalyse ?

Quand j'ai commencé à étudier la psychanalyse, je ne savais pas tout ce que je sais aujourd'hui. J'espérais trouver les réponses aux questions que je me posais. Et j'ai trouvé beaucoup de réponses en étudiant les concepts de refoulement, le déni et l'obsession de répétition. Mais la réponse à la question sur les racines de la violence, il m'a fallu la trouver toute seule, et contre le dogme freudien sur le mal inné.

---

[116] Publiée dans *Alternatives non-violentes*, 1999, révisée en 2004

[117] Professeur de Lettres, militant associatif, auteur de plusieurs livres (s'inscrivant dans le sillage des théories présentées par Alice Miller) dont *La Fessée : questions sur la violence éducative* (La Plage, 2004) et *La violence éducative, un trou noir dans les sciences humaines* (L'instant présent, 2012)

Combien de temps l'avez-vous exercée ?

J'ai exercé la psychanalyse pendant vingt ans.

Pour quelles raisons y avez-vous renoncé et avez-vous été amenée à la critiquer ?

Peu à peu, je me suis rendu compte que les questions que je me posais étaient inquiétantes pour mes collègues et que je ne pouvais pas en discuter avec eux. Moi, j'étais de plus en plus convaincue que mes patients avaient subi des enfances très malheureuses, mais qu'ils ne pouvaient pas admettre cette vérité. Ils idéalisaient leurs parents et se cachaient la vérité à eux-mêmes aussi bien qu'à moi. Quand je voulais parler de cette question avec mes collègues, on m'assurait toujours que je me trompais, parce que Freud avait dit qu'il fallait traiter comme des fantasmes tout ce que le patient raconte.

La "pulsion de mort" à laquelle on se réfère souvent pour expliquer la violence est-elle pour vous une réalité ?

Non, la pulsion de mort, comprise comme un instinct humain, n'est pas du tout pour moi une réalité. Je pense qu'on peut éviter la destructivité si on traite les enfants dès le début avec respect, amour et protection.

Votre condamnation de la psychanalyse est-elle totale ?

Au début, j'étais très indignée par le constat que la psychanalyse a rendu compte de la maltraitance de l'enfant d'une façon pour moi très surprenante. Mais, comme je l'ai dit auparavant, j'ai aussi beaucoup appris de la psychanalyse.

Pouvez-vous expliquer le processus intérieur par lequel les mauvais traitements subis par les enfants ont des conséquences durant toute leur existence et les poussent à la violence contre autrui ou à la violence contre eux-mêmes ? S'agit-il d'une imitation de ce qu'ils ont subi, d'une vengeance ou d'un autre processus psychique ?

Ce sont des questions très importantes que vous me posez et que je me pose tout le temps aussi. Je pense qu'il faut encore beaucoup de recherches pour pouvoir vraiment répondre à ces questions du point de vue de la structuration du cerveau. Le phénomène est clair. Vous pouvez constater partout que ce qu'on a subi, on le répète inconsciemment d'une façon active ou passive. Tous mes livres contiennent beaucoup d'exemples de ce fait, et chacun de nous peut observer dans la vie quotidienne comment cela se passe. Mais on constate aussi que ce n'est pas une fatalité, qu'il y a des gens qui étaient par exemple battus par leurs parents et qui ne battent pas leurs propres enfants, parce qu'ils ont décidé de changer quelque chose dans leur vie. Ils ne veulent pas automatiquement répéter ce qui s'est passé avec eux et cherchent d'autres options. Peut-être toutes vos propositions d'explication sont-elles valables. On peut parler dans un cas de vengeance, dans un autre cas d'imitation, et il y a, peut-être, d'autres cas où on peut trouver une autre explication.

Vous avez appelé la maltraitance des enfants "un crime millénaire" (*Abattre le mur du silence*). Comment justifiez-vous cette affirmation ?

Je parle d'un crime millénaire parce que la façon de traiter un enfant comme un objet et d'ignorer ses besoins peut être observée non seulement de nos jours, mais aussi plusieurs milliers d'années en arrière, par exemple en Chine, où on a cassé les os des pieds des petites filles pendant si longtemps. Nous préférons ignorer ces faits ou ne pas les croire, parce qu'ils sont abominables. Mais ils existaient quand même. La mutilation des femmes en Chine, la mutilation des femmes en Afrique qui se poursuit jusqu'aujourd'hui n'a pas aidé les femmes adultes à devenir des mères aimantes pour leurs enfants. Les grands-mères et les mères qui sont toujours pour l'excision de leur petite fille ont subi la même douleur et la même humiliation que leur propre mère et que leur grand-mère sans pouvoir se défendre. C'est vers les petites filles que se dirige leur rage refoulée et niée. Je parle d'un crime millénaire parce que je veux montrer que les résultats de ces crimes ne sont pas limités à une génération. La violence se perpétue sans limite.

Votre explication de la violence par la maltraitance des enfants est-elle ou non confirmée par l'étude des animaux les plus proches de nous ?

Bien sûr : si vous prenez un chien qui a été maltraité au début de sa vie, vous verrez une grande différence entre lui et un autre chien qui a été aimé dès le premier jour. On peut constater la même chose avec les chats. Les chiens agressifs, qui se battent, sont des chiens sévèrement maltraités dans leur enfance. Ce que les animaux et les êtres humains doivent recevoir de leur mère au début de leur vie, c'est la certitude intérieure d'être acceptés, qui les aidera par la suite à gérer le stress d'une façon optimale.

Pour quelles raisons éprouve-t-on tant de réticences à accepter l'idée de la gravité des mauvais traitements infligés aux enfants ?

Il y a plusieurs raisons qui nous empêchent d'accepter cette vérité. D'abord, il y a la douleur et l'angoisse de notre propre enfance que nous voulons éviter. Si nous acceptons le fait que nous-mêmes avons été traumatisés, blessés, humiliés dans notre enfance, des émotions désagréables comme la rage, la tristesse, l'angoisse peuvent nous tourmenter, et nous voulons l'éviter à tout prix. On se pose la question : Qu'est-ce que je vais faire avec toutes ces émotions une fois que je les aurai réveillées ? Alors, on préfère ne pas réveiller le chat qui dort, et on répète que toutes les explications sur l'enfance n'ont pas vraiment d'importance.

Beaucoup d'intellectuels et d'enseignants croient que la culture peut être un rempart contre les dictatures. Mais un bon nombre d'intellectuels, dont le plus grand philosophe allemand, Heidegger, ont été séduits par le nazisme, et l'Allemagne était au début du siècle le pays au monde qui comptait le moins d'illettrés. Cela confirme-t-il votre point de vue ?

Oui, tout à fait. Apparemment, on peut développer des capacités intellectuelles très importantes sans avoir de souvenir conscient de ce qu'on a subi enfant. Le souvenir des traumatismes peut être enregistré dans notre corps sans être présent à notre conscience.

"Comment empêcher des désaxés d'arriver au pouvoir et de tyranniser des peuples entiers ?" Vous posez cette question dans* Abattre le mur du silence *(p. 142). Quelle réponse lui donnez-vous ?

C'est la question à laquelle je cherche la réponse moi-même. Pour pouvoir empêcher les désaxés de tyranniser des peuples entiers, il faut vouloir comprendre les dynamismes que, précisément, on se refuse à comprendre. Pour quelle raison ce refus ? La peur de la douleur est-elle la seule raison ? Je pense qu'il y en a d'autres aussi. Une des raisons les plus profondes est le fait que, dans la petite enfance, nous devions lutter contre le stress en détruisant les neurones qui auraient pu nous conserver le souvenir des mauvais traitements. Une fois devenus adultes, il nous manque le souvenir conscient de ce qui s'est passé et, si le souvenir continue à agir dans notre corps en produisant des symptômes psychosomatiques, nous pouvons nier leur lien avec notre histoire réelle. Néanmoins, on peut constater que dans la thérapie, si nous réussissons à comprendre nos émotions dans le contexte réel de notre vie, nous pouvons aller mieux et même voir disparaître les symptômes psychosomatiques. C'est le sujet de mon prochain livre, *Notre corps ne ment jamais*. Alors, j'espère que, dans l'avenir, les gens commenceront à comprendre leur vie et parviendront à empêcher des désaxés de tyranniser les peuples.

Pour quelles raisons, à votre avis, votre œuvre est-elle beaucoup plus connue et mieux acceptée aux Etats-Unis et en Allemagne qu'en France ?

Je ne sais pas. C'est peut-être à vous de répondre à cette question, puisque vous êtes français et que vous avez quand même apprécié mes livres. C'est vrai qu'en Amérique et en Allemagne comme en France et comme partout, la plupart des gens sont persuadés qu'il y a de bonnes fessées, qu'on ne peut pas éduquer sans elles. Mais aux Etats-Unis, en Allemagne et dans les pays scandinaves, il y a quand même des groupes qui mettent en question cette tradition. Des jeunes parents qui ont la chance de vivre de nouvelles expériences avec leur nouveau-né et leur petit enfant, et qui, en partant de leur propre enfance, commencent à comprendre sur la nature humaine des choses que leurs parents n'ont pas pu leur apprendre. La France me semble un peu plus en retard, mais on y trouve aussi des groupes qui s'organisent.

Vous avez écrit, dans votre livre* Chemins de vie *(p. 137), que "seuls des hommes et des femmes qui ont connu très très tôt, dans les premières semaines de leur vie, la violence physique et morale, n'ont pas su ce qu'est l'amour, ont pu devenir des "bourreaux volontaires de Hitler". Sur quoi appuyez-vous une telle affirmation ?

Dans les années soixante, le psychologue Harlow a fait des expériences avec des singes. Il a pu démontrer que les petits singes privés de l'amour et de la présence de leur mère après la naissance n'ont pas d'intérêt pour leur propre enfant une fois devenus adultes. Depuis Harlow, on a répété ses expériences avec différents animaux, notamment avec des rats. Sur les hommes, on s'est aperçu qu'un enfant qui a été négligé au début de sa vie ne peut pas développer sa capacité d'empathie. Alors, c'est logique, je ne peux pas imaginer qu'on puisse devenir un bourreau volontaire de Hitler si on a pu développer cette empathie.

A vous lire, on a parfois l'impression que, pour vous, un enfant bien traité, respecté, accompagné par ses parents avec tendresse, ne peut pas faire le mal, que les sentiments vivants qu'il a gardés de son enfance l'en empêchent. Vous écrivez d'ailleurs : "Tout être humain vient au monde sans mauvaises intentions, et avec un besoin clair, fort et dépourvu de toute ambivalence : rester en vie, aimer et être aimé." (*Abattre le mur de silence, *p. 197) Et, plus clairement encore : "Jamais quelqu'un qui a eu le droit de ressentir ce qui lui a été infligé

dans son enfance ne commettra de meurtre." (*La Connaissance interdite, *p. 35) Sur quoi appuyez-vous cette certitude ? Ne néglige-t-elle pas la liberté humaine, qui peut être aussi la liberté de faire le mal ?

C'est une question très française. Vous parlez d'une théorie, et moi, je parle de la vie. On est très impressionné en France par les théories du marquis de Sade, qui a cherché la liberté de son plaisir pervers. Au début, je ne connaissais rien de son enfance, mais je ne pouvais pas m'imaginer que quelqu'un qui n'avait pas été torturé étant enfant ait besoin de torturer les autres. Et j'en ai trouvé la confirmation dans l'histoire de son enfance. Mais pourquoi personne ne s'intéresse-t-il au début de l'histoire ? Il y a des gens qui n'ont pas besoin de faire mal, ils ne cherchent pas la liberté de faire mal. Ils cherchent la liberté de s'exprimer, de pouvoir aimer. Si quelqu'un a besoin d'être libre de faire le mal, cela veut dire que l'histoire de sa vie le pousse vers cette action. Mais être poussé, c'est pour moi le contraire de la liberté.

On vous a quelquefois accusée de "rousseauisme". L'homme naturel est-il à vos yeux, comme aux yeux de Rousseau, "naturellement bon" ?

Lorsqu'on met en évidence des choses déplaisantes, on ne peut pas éviter d'être constamment mis dans des catégories où on ne se sent pas bien. J'ai moi-même montré que Rousseau était encore un homme de son temps dans *Emile*, où il recourt à la pédagogie noire. Ce que j'écris n'a rien de commun avec sa description sentimentale de la nature de l'enfant, qu'il voulait en outre éduquer d'une façon traditionnelle. Ce que je pense de la nature humaine provient de mon expérience avec mes patients et moi-même, et des recherches scientifiques sur le cerveau du bébé, qui confirment entièrement mes hypothèses. En tant qu'êtres humains, nous sommes tous nés prématurés, avec un cerveau incomplètement structuré, et nous avons besoin de bonnes expériences, de la stimulation, de la gentillesse de notre entourage, pour pouvoir structurer notre cerveau d'une façon optimale. Si, au lieu de cela, nous recevons des coups, de la violence, de la négligence, il est logique que la structuration de notre cerveau ne puisse s'accomplir comme il faut. Qu'un enfant traité de cette façon au début de sa vie aille, à six ans, assassiner un petit bébé dans le voisinage, c'est tout à fait logique pour moi. Vous voyez que vous ne pouvez pas faire de comparaison entre Rousseau et moi.

Vous avez écrit : "Le courage, l'honnêteté et l'aptitude à aimer les autres ne doivent pas être considérés comme des "vertus" ni comme des catégories morales, mais comme les conséquences d'un destin plus ou moins clément". Que devient alors la responsabilité humaine ?

Prenez donc l'exemple que j'ai cité dans la question précédente. Bien sûr, vous pouvez dire à cet enfant qu'il doit se sentir responsable et ne pas tuer un autre enfant. Mais vos sermons seront vides de sens et tout à fait inefficaces envers un être qui n'a jamais appris l'empathie pour autrui, parce que personne n'a eu d'empathie pour lui. Il n'a appris que la cruauté, et c'est cela qu'il met en pratique. Pensez-vous que l'on puisse enseigner la responsabilité à des gens qui ont eu la même histoire que cet enfant (et il y en a beaucoup dans les HLM français), et dont les parents ont exercé sur eux le pouvoir et non la responsabilité ?

Vous avez écrit : "La morale et le sens du devoir sont des prothèses auxquelles il faut recourir lorsqu'il manque un élément capital", à savoir des "sentiments vivants" venus d'une enfance respectée. N'est-il pas dangereux de substituer des sentiments aux principes moraux ?

Non, je pense le contraire. C'est dangereux de substituer les principes moraux aux sentiments d'empathie. Là où il n'y a que cruauté et manque d'empathie, vous ne pourrez jamais obtenir autre chose que l'obéissance et la destructivité cachée, avec ou sans principes moraux. C'est pourquoi on bat encore les enfants dans certaines écoles religieuses, et on espère pouvoir obtenir des enfants et des adultes responsables par les châtiments corporels. C'est tout à fait absurde, parce que c'est le contraire qui se produit.

On dit parfois "qu'un enfant battu battra". Est-ce exact ? Est-il possible aux enfants qui ont subi de mauvais traitements d'échapper à cette fatalité ? Comment ?

Oui, on le dit parfois, et on m'attribue cette opinion, mais ce n'est pas du tout mon avis. Au contraire, je connais beaucoup de gens qui ont été battus et qui ne veulent pas vivre inconsciemment et répéter automatiquement ce qui leur est arrivé. Mais c'est vrai que la plupart des gens reproduisent sans réfléchir ce qu'ils ont vécu. On entend souvent, surtout en France, la phrase : sans fessée, il ne m'écoutera jamais.

Vous militez pour la promulgation d'une loi qui interdise de battre les enfants. Une telle loi ne risque-t-elle pas d'affaiblir l'autorité des parents et donc de déboussoler davantage encore les enfants ?

La vraie autorité n'a pas besoin des coups ou des claques pour se montrer forte et pour aider l'enfant. C'est le contraire. On donne des coups et des claques si on se sent faible et impuissant. Dans ce cas, on ne montre pas à l'enfant l'autorité, mais le pouvoir et l'ignorance.

Vous avez été récemment interviewée par l'hebdomadaire **La Vie** ***et, dans un des numéros suivants, une lectrice a répondu à vos propos sur les fessées qu'elle en avait reçues quand elle était enfant et qu'elle ne s'en portait pas plus mal. Que lui répondriez-vous à votre tour ?***

Je n'ai rien à répondre, parce que c'est une réaction classique que je connais très bien, qui montre la profondeur du refoulement et du déni. Mais je n'ai pas lu la lettre et je ne peux pas m'exprimer là-dessus. Peut-être la personne voulait-elle dire qu'elle ne souffrait plus de ce qui s'était passé, grâce aux bonnes relations qu'elle a dans sa vie actuelle. Là, je peux comprendre.

Une des critiques que l'on entend le plus souvent formuler contre vous, par exemple, tout dernièrement dans le livre de Ron Rosenbaum, **Pourquoi Hitler ?,** ***est que vous allez beaucoup trop loin en prétendant expliquer Hitler, Staline,***

Ceausescu et Mao Tsé Tong par leur enfance malheureuse. N'y a-t-il pas disproportion entre les coups reçus par Hitler enfant et l'Holocauste ? Entre la violence des parents de Staline et le goulag ? Claude Lanzmann est allé jusqu'à dire qu'il était "obscène" d'expliquer Hitler par son enfance. Que répondez-vous à ces critiques ?

Dire que vouloir comprendre Hitler est obscène n'est pas une critique, c'est seulement l'opinion d'un homme qui a décidé de ne pas vouloir comprendre. Chacun est libre de prendre les décisions qui lui conviennent. Pour moi qui ai vécu la Deuxième Guerre mondiale, il a été primordial de comprendre comment tout ce qu'on pensait être impossible était quand même devenu réel. Quand j'avais 10 ans, j'ai vu à Berlin des hommes, des SA en uniforme crier dans les rues. Je me rappelle que déjà, là, je me suis posé la question : qu'est-ce qui a pu rendre ces hommes si cruels, si violents. Cette question m'a accompagnée toute ma vie.

On vous objecte souvent que la maltraitance est peut-être une des raisons de la violence humaine, mais qu'elle ne concerne qu'une minorité d'enfants, et que bien d'autres causes, économiques, sociales et politiques, sont beaucoup plus importantes. Qu'en pensez-vous ?

Vous pensez apparemment que seule une minorité d'enfants est concernée par la maltraitance. Si c'était le cas, elle ne pourrait pas être un facteur important dans le développement de la violence. Il s'agit ici de la définition de la notion de maltraitance. Quand les sondages révèlent que 90 % des personnes disent qu'elles frappent les enfants pour des raisons éducatives, cela ne veut pas dire pour moi que la maltraitance concerne seulement une minorité. Si vous pensez à la "violence éducative" que j'appelle maltraitance, vous comprenez pourquoi je prends tellement au sérieux ces facteurs-là.

Ne craignez-vous pas de faire preuve de "réductionnisme" en expliquant tous les maux du monde ou presque par la maltraitance ? Les cataclysmes, la "loi de la jungle" montrent que la violence fait partie de l'ordre de la nature. La violence

humaine ne peut-elle donc pas avoir des causes multiples et plus originelles que la maltraitance?

Si je parle d'un facteur important, cela ne veut pas dire que je nie l'existence d'autres facteurs. Mais ce que j'observe, c'est que les autres facteurs ne sont pas ignorés, mais seulement celui que j'essaie de démontrer. Je me pose la question du pourquoi. Quand je cherche la réponse à cette question, je me demande pourquoi on rejette cette explication-là où elle se montre vraiment utile.

Vous avez intitulé un de vos livres* Abattre le mur du silence. *De quel mur s'agit-il exactement, et pourquoi a- t-il été construit ?

Le fait qu'on évite ce sujet montre qu'il existe toujours un mur de silence autour de tout le problème qui concerne les traumatismes de l'enfant.

Vous avez écrit dans* C'est pour ton bien *(p. 158) : "Pour apprendre le respect (de l'enfant), nous n'avons pas besoin de manuels de psychologie, mais d'une révision de l'idéologie de l'éducation". Que vouliez-vous dire ?

Quand j'ai écrit *C'est pour ton bien*, il y a vingt ans, je pensais qu'il suffirait d'exposer les moyens de l'éducation traditionnelle, les mensonges, la manipulation, la cruauté, pour que l'on ouvre les yeux et que cela cesse. C'était encore très naïf de ma part. Aujourd'hui je sais que ces méthodes sont enregistrées dans nos corps et qu'il n'est pas si facile de les abandonner. Mais je sais qu'on peut y arriver si on le veut.

Pensez-vous que la violence actuelle dans les "banlieues" puisse s'expliquer par la maltraitance ? N'est-ce pas plutôt la conséquence d'une certaine situation économique, d'un certain urbanisme et d'un manque de fermeté des parents et de la société à l'égard des enfants ?

Pas seulement par la maltraitance, mais aussi par la négligence dont sont victimes les petits enfants, l'ignorance de leurs vrais besoins, le manque de respect. Un enfant apprend très tôt qu'il ne mérite pas de respect, et, évidemment, il ne peut pas respecter les autres ensuite. Il choisira les plus faibles pour les traiter de la même façon qu'il a été traité.

La violence telle qu'elle est présentée à la télévision ne joue-t-elle pas un rôle aussi important que la maltraitance dans la violence que l'on constate actuellement chez beaucoup de jeunes ?

Certainement. Mais je pense toujours qu'un enfant aimé et protégé ne s'intéresse pas beaucoup aux films cruels à la télé.

Vous avez écrit : "Un dogme vit de l'angoisse qu'ont ses adeptes de ne plus faire partie du groupe." Votre explication de la violence par la maltraitance ne risque-t-elle pas de devenir un dogme générateur d'angoisse ?

Je n'explique pas la violence seulement par la maltraitance, mais aussi par l'abandon qui fait qu'un enfant ne peut pas développer d'empathie. Si vous traitez cette opinion comme un dogme, c'est à vous d'en juger. Pour le moment, il n'y a pas de danger qu'on traite mes opinions comme un dogme. Il y a très peu de gens qui sont d'accord avec ce que j'écris, et ils n'ont aucune raison d'être angoissés s'ils me critiquent.

***N'est-ce pas faire preuve d'un excès d'optimisme et même d'utopie que d'écrire : "Lorsque sera levée l'ignorance résultant des refoulements de l'enfance et que l'humanité sera réveillée, cette production du mal pourra s'interrompre." ?* (La Connaissance interdite, p. 175.)**

Je ne pense pas que ce soit une utopie de dire que les adultes qui ont eu la chance d'apprendre le respect pour l'enfant changeront les schémas culturels dans l'avenir. Ce n'est pas la société qui forme la personnalité, ce sont les personnes qui forment la société, et l'enfance de ces personnes joue un rôle primordial dans la façon dont elles se conduisent une fois adultes. Vous avez parlé au nom des gens qui me critiquent, qui m'accusent de rousseauisme ou d'obscénité parce que je veux et peux comprendre ce qu'ils ne veulent pas comprendre. Ils me reprochent mon "réductionnisme" parce qu'ils n'essaient pas de comprendre la complexité de mes explications. Je sais que, plusieurs fois, vous vous êtes fait l'avocat du diable pour provoquer ma réaction. Permettez-moi, pour conclure, de poser cette question très simple : comment pouvons-nous comprendre notre vie si nous ne voulons pas comprendre l'histoire de nos trois premières années, l'histoire du temps où notre cerveau s'est structuré ? Quoique je déplore la résistance et les oppositions contre mes efforts pour approfondir notre connaissance de l'enfance, je peux quand même très bien comprendre les motifs qui suscitent cette résistance. Pour la plupart des gens (pas pour une minorité), il est absolument insupportable d'éprouver de l'empathie pour l'enfant qu'ils étaient auparavant, de se souvenir de la souffrance causée par leurs parents et leurs éducateurs. Une fois sortis de cette situation de souffrance, ils ont tout fait pour l'oublier, et ils ne veulent à aucun prix se rappeler leur impuissance. Quant à moi, je choisis précisément ce que la plupart des gens refusent : je choisis de ressentir cette impuissance d'un enfant sage et bien éduqué, afin de pouvoir comprendre ce qui s'est passé pour moi et pour les autres. Si je me suis trompée, l'avenir ne manquera pas de nous le montrer.

Remerciements

L'écriture et la lecture sont les deux faces d'une même démarche littéraire. Sans les auteurs étudiés ici, cet essai n'aurait pu exister. Sans fidèles lecteurs, je n'aurais pas entrepris l'écriture de ce livre. Je voudrais dire ma reconnaissance envers des lecteurs-contributeurs qui m'ont fait découvrir plusieurs auteurs de cet abécédaire : Lisa Walraevens, Janine Planas, Jacques Tenneroni, Tania Laeffer, Francis Thellier. J'ai une dette particulière à l'égard des relecteurs de ce livre : Serge Couvreur, Marie et Daniel Renault. Une attention particulière envers envers Laurent Cordonnier qui a corrigé ce manuscrit avec la même vigilante attention que s'il s'agissait du mémoire de fin d'études de l'un de ses étudiants, Odile Guigon, ultime relectrice-correctrice et Perrine Fourgeaud des éditions L'Harmattan qui a mis en page ce livre. Je remercie enfin mon épouse, Fabienne, pour la relecture qu'elle a faite de chacun des articles au fur et à mesure qu'ils s'écrivaient, mais également pour son indéfectible patience envers un mari trop souvent absorbé dans ses pensées.

La littérature et le travail analytique sont les deux faces d'une même démarche de construction de soi : tous deux font appel aux mots. Je remercie chaleureusement Joël Bernat, directeur de la collection « Psycho-Logiques » de L'Harmattan de publier ce livre et d'ainsi contribuer à promouvoir la pensée d'Alice Miller. Ma dette la plus importante, je l'ai contractée envers Olivier Maurel qui, ayant bien d'autres activités plus urgentes, a relu en huit jours mon manuscrit, lui a donné *sa caution morale* et a accepté que soit publiée, en postface, l'interview qu'il fit d'Alice Miller quelques années avant sa mort.

Je ne peux terminer ce livre sans une pensée émue pour Guy Corneau, célèbre psychanalyste jungien, dont la récente disparition a créé chez moi un vide incommensurable. Ses ouvrages[118] demeurent un guide irremplaçable pour accéder au « meilleur de soi ». C'est par lui que j'ai découvert Alice Miller.

Je remercie enfin, du fond du cœur, mon ami d'enfance, Pierre Willi, écrivain, conteur et peintre[119], de m'avoir confié la magnifique aquarelle qui illustre la couverture de ce livre.

A chacune et chacun, merci.

---

[118] Ses ouvrages sont publiés chez Robert Laffont et en poche chez J'ai lu

[119] Retrouvez d'autres tableaux et la présentation de ses livres sur : http://pierrewilli.eklablog.com/accueil-c162474

Table

Psychologie et psychanalyse

aux éditions L'Harmattan

Dernières parutions

DU BONHEUR À LA SANTÉ
La Rosa Emilio
Cet ouvrage apporte des explications sur les émotions négatives et positives, la mémoire et le fonctionnement du cerveau, permettant ainsi au lecteur de mieux comprendre les processus liés au bonheur et à la souffrance. Les émotions positives et négatives, et les souvenirs jouent un rôle de premier plan dans ces processus. En outre, nous décrivons les éléments qui favorisent et entravent le bonheur.
(19.00 euros, 188 p.)
ISBN : 978-2-343-07374-3, ISBN EBOOK : 978-2-336-39724-5

LA RECHERCHE DU SENS EN ANALYSE EXISTENTIELLE ET LOGOTHÉRAPIE
Abrami Léo Michel - Préface de Georges-Elia Sarfati
Voici l'un des rares livres de langue française consacrés à l'analyse existentielle. Cet ouvrage formule dans un langage clair une transmission située au plus près des fins de la thérapie. L'idée de thérapie est comprise ici au double sens antique du terme, il s'agit d'enrichir la relation d'aide d'un ensemble de vues inédites sur la conduite de l'analyse (sens clinique) et de donner des bases plus solides au dialogue axé sur l'expression de la vérité personnelle (au sens du soin de l'âme socratique).
(Coll. Quête du sens, 14.00 euros, 124 p.)
ISBN : 978-2-343-07968-4, ISBN EBOOK : 978-2-336-39712-2

FRONTIÈRES DU RÉEL OÙ L'ESPACE ESPACE
Salignon Bernard
Là où l'espace espace, c'est là où la source des vents passant entre les choses et les êtres décide de séparer ce qui ne serait que masse compacte, permettant ainsi, en même temps, de voir différemment les objets et le fond dont ils font monde. Ce livre, dans son écriture, trouve d'autres frontières entre esthétique, philosophie et psychanalyse, en les distribuant dans une unité plurielle et singulière.
(Coll. Eidos série Retina, 13.00 euros, 114 p.)
ISBN : 978-2-343-07688-1, ISBN EBOOK : 978-2-336-39815-0

L'ENFANT ET LA FÉMINITÉ DE SA MÈRE

Sous la direction d'Elisabet-Razavet, Georges Haberberg, Dominique Wintrebert
Avec la collaboration de Maryvonne Blouët-Bricoteaux et Laurent Dupont
Préface de François Ansermet

On lira ici comment l'enfant se dépêtre de la féminité de sa mère. Ce travail de recherche s'est forgé à travers des présentations de cas et leur commentaire. Il fait apparaître combien les différentes confrontations du sujet avec la castration et la féminité de sa mère, à différents temps contingents de son existence, sont décisives pour son destin d'« être pour le sexe ». La rencontre avec la castration maternelle conduit au cœur de la structure : il n'y a pas de signifiant pour dire la femme. Mais alors, entre mère et femme, comment l'enfant se débrouille-t-il ?

(Coll. Études Psychanalytiques, 20.00 euros, 182 p.)

ISBN : 978-2-343-07599-0, ISBN EBOOK : 978-2-336-39433-6

ÉLOGE DE NOS ANGOISSES

Essai

Lorin Claude

Stress, angoisses, tourments peuvent-ils être nos alliés ? Oui, répond l'auteur. Toutes sortes d'angoisses nous tenaillent et l'on a oublié qu'elles étaient bénéfiques quant à notre adaptation au monde. D'autres font partie de ce que l'on nomme « les épreuves de la vie ». Pour les surmonter et en faire bon usage, il faut libérer en nous ce que l'auteur nomme « la pulsion de création ». Tracas et tourments s'infléchissent alors sous la poussée intérieure de cette force qui conduit à la création et donne sens à nos vies.

(29.00 euros, 290 p.)

ISBN : 978-2-343-07262-3, ISBN EBOOK : 978-2-336-39523-4

HYPNOSE ET GESTION DE LA DOULEUR

Actes du 7e Congrès de l'Association européenne des praticiens d'hypnose

Sous la direction de Djayabala Varma

Cet ouvrage présente les applications de l'hypnose dans la prise en charge des personnes souffrant de : dysménorrhée fonctionnelle, syndrome de l'intestin irritable, migraine, algodystrophie, fibromyalgie, douleur fantôme et autres douleurs sans cause apparente. L'accompagnement de la femme enceinte et l'accouchement sans douleur par des techniques hypnotiques sont également traités dans ce livre.

(14.50 euros, 136 p.)

ISBN : 978-2-343-07528-0, ISBN EBOOK : 978-2-336-39644-6

DÉSERTS OU LA CRUAUTÉ DU SURMOI

Hurion Roseline

Déserts ou la cruauté du surmoi se veut le langage de ce moment où le surmoi devient le centre de la réalité psychique. Il libère ses forces centrifuges comme autant de points de tension secouant l'ensemble de cette réalité, l'expulsant et la ramenant vers le centre. Va-et-vient qui met le sujet face à ses pensées terrifiantes – les projections de sa peur. Dénonciation de la cruauté du surmoi dont les épiphénomènes gravitent autour de lui.

(15.50 euros, 146 p.)

ISBN : 978-2-343-07785-7, ISBN EBOOK : 978-2-336-39538-8

AU-DELÀ DE LA RÉPÉTITION, L'INVENTION
Transmettre ce que l'on cherche
Gutierrez Yvonne
Yvonne Gutierrez nous livre ses expériences d'analysante et d'analyste au sein des nombreuses institutions qu'elle a fréquentées. Sa critique sans concession et féconde, son questionnement vivifiant pour la pratique et la transmission d'une psychanalyse contemporaine « incarnée » sont au cœur de son ouvrage.
(Coll. Études Psychanalytiques, 20.50 euros, 198 p.)
ISBN : 978-2-343-07622-5, ISBN EBOOK : 978-2-336-39574-6

UNE PETITE HISTOIRE DE LA PSYCHÉ
Ou quelques reflets de l'âme dans le miroir de l'inconscient
Guillaume Jean-Claude
Dans cet ouvrage argumenté et cliniquement documenté, déroulant une conception personnelle de l'évolution psychique, l'auteur nous conduit dans un voyage à travers l'évolution et les diverses manifestations de la psyché humaine. Il s'appuie d'une part, sur l'expérience de sa clinique psychanalytique et, d'autre part, sur une sensibilité artistique et sur des connaissances poétiques vastes et éclairantes. L'appel au poète éclaire de nombreux concepts psychanalytiques et donne une dimension supplémentaire à de très nombreux référents théoriques.
(Coll. Psychologiques, 28.00 euros, 278 p.)
ISBN : 978-2-343-05959-4, ISBN EBOOK : 978-2-336-39525-8

PSYCHANALYSE ET ÉCRITURE
Rencontre avec Pascal Quignard
Sous la direction de Joseph Rouzel
Une magnifique journée de rencontre avec Pascal Quignard a permis à des cliniciens de (re)poser cette énigme : l'inconscient, ça s'écrit comment ? Réunis autour de Pascal Quignard et Joseph Rouzel on trouvera ici des textes de Françoise Wilder, Sylvie Bassot-Svetoslavsky, Thierry Azema, Isabelle Pignolet de Fresnes, Serge Bedère, Nicole Malinconi, Jacques Cabassut, Luc Diaz, Claude Allione.
(Coll. Études Psychanalytiques, 16.50 euros, 150 p.)
ISBN : 978-2-343-07698-0, ISBN EBOOK : 978-2-336-39600-2

LES MÉNINES
Ou l'art conceptuel de Diego Vélasquez
d'Hérouville Xavier
Lors du séminaire du 11 mai 1966 Jacques Lacan évoque *Les Ménines* de Vélasquez comme support iconographique de son cycle d'étude sur la remise en question du statut de l'objet par l'expérience analytique. Au cours du séminaire suivant, Michel Foucault qui vient de publier Les mots et les choses est son invité surprise. La confrontation des deux maîtres du structuralisme s'annonce comme une joute oratoire titanesque. Le surréaliste contre le constructiviste. Lacan contre Foucault. Quelle affiche !
(Coll. Ouverture Philosophique, série Esthétique, 14.50 euros, 132 p.)
ISBN : 978-2-343-07070-4, ISBN EBOOK : 978-2-336-39499-2

VIE DE COUPLES, ENSEMBLE POUR LA VIE
Jean-Yves Philippe
Thérèse et Gérard, Virginie et Benjamin, Camille et Olivier sont trois couples d'âges et de parcours différents qui se retrouvent au sein du mouvement des Équipes Notre-Dame. Chacun d'eux a ressenti à un moment donné le besoin de participer à ce réseau pour répondre aux questionnements sur la vie maritale et ses difficultés. Avec eux et les professionnels, religieux ou laïcs, qui composent les Équipes Notre-Dame, nous découvrons une forme de thérapie de couple.
(20 euros)
ISBN : 978-2-336-31059-6

CHIRURGIE ESTHÉTIQUE & FRONTIÈRES DE L'IDENTITÉ
Godefroy Michel - Préface de Gérard Flageul
La chirurgie esthétique permet-elle à un sujet de franchir les frontières de son identité ou bien de mieux les comprendre ? Quelle est, à la lumière d'une pratique psychiatrique et psychanalytique, la valeur psychologique profonde de l'acte de chirurgie plastique et esthétique ? L'étude de cas cliniques permet de mieux comprendre ce qu'il en est pour les acteurs en présence : l'entourage, le chirurgien, le psychiatre et le patient.
(Coll. Eidos série Retina, 15.50 euros, 148 p.)
ISBN : 978-2-343-07289-0, ISBN EBOOK : 978-2-336-39169-4

AUX BORDS DU DIVAN
Aspects cliniques du trauma
Sous la direction de Christine Loisel-Buet – Avec la participation de Hélène Avyn, Christelle Bouchire, Émeline Caret, Bertrand Drothiere, Isabelle Marlière et Catherine Weyrich
Les auteurs de cet ouvrage travaillent avec des patients dans différentes institutions ou en libéral. Ils ont tous la boussole analytique chevillée au corps. Ils écoutent, accueillent les silences et les trous de langage. Ils accompagnent tout au long d'un chemin parfois ardu qui oblige à faire preuve d'inventivité. La psychanalyse n'est ni un dogme ni une théorie dépassée. La clinique dite « du trauma » pousse à trouver des pratiques différentes, à élaborer chaque jour une clinique vivante.
(Coll. Psychologiques, 24.00 euros, 238 p.)
ISBN : 978-2-343-07004-9, ISBN EBOOK : 978-2-336-39257-8

ABORDS DU RÉEL
Une exploration de l'ombilic des rêves
Abibon Richard
Richard Abidon fait retour à la démarche de Freud qui inventa la psychanalyse en empruntant la voie royale de l'interprétation de ses rêves. L'auteur transcrit ici ses propres rêves et en fait l'analyse publiquement, seule transmission possible d'une expérience singulière au plus près de l'inconscient, aux « abords du réel ». Avec rigueur, humour et simplicité il nous entraîne irrésistiblement dans ce périple singulier qui touche en chacun de nous l'universel de la structure de l'inconscient.
(Coll. Psychanalyse et civilisations, 34.00 euros, 328 p.)
ISBN : 978-2-343-06603-5, ISBN EBOOK : 978-2-336-39399-5

L'HARMATTAN ITALIA
Via Degli Artisti 15; 10124 Torino
harmattan.italia@gmail.com

L'HARMATTAN HONGRIE
Könyvesbolt ; Kossuth L. u. 14-16
1053 Budapest

L'HARMATTAN KINSHASA
185, avenue Nyangwe
Commune de Lingwala
Kinshasa, R.D. Congo
(00243) 998697603 ou (00243) 999229662

L'HARMATTAN CONGO
67, av. E. P. Lumumba
Bât. – Congo Pharmacie (Bib. Nat.)
BP2874 Brazzaville
harmattan.congo@yahoo.fr

L'HARMATTAN GUINÉE
Almamya Rue KA 028, en face
du restaurant Le Cèdre
OKB agency BP 3470 Conakry
(00224) 657 20 85 08 / 664 28 91 96
harmattanguinee@yahoo.fr

L'HARMATTAN MALI
Rue 73, Porte 536, Niamakoro,
Cité Unicef, Bamako
Tél. 00 (223) 20205724 / +(223) 76378082
poudiougopaul@yahoo.fr
pp.harmattan@gmail.com

L'HARMATTAN CAMEROUN
TSINGA/FECAFOOT
BP 11486 Yaoundé
699198028/675441949
harmattancam@yahoo.com

L'HARMATTAN CÔTE D'IVOIRE
Résidence Karl / cité des arts
Abidjan-Cocody 03 BP 1588 Abidjan 03
(00225) 05 77 87 31
etien_nda@yahoo.fr

L'HARMATTAN BURKINA
Penou Achille Some
Ouagadougou
(+226) 70 26 88 27

L'HARMATTAN SÉNÉGAL
10 VDN en face Mermoz, après le pont de Fann
BP 45034 Dakar Fann
33 825 98 58 / 33 860 9858
senharmattan@gmail.com / senlibraire@gmail.com
www.harmattansenegal.com